Das Ruhegebet
Eine Einübung nach Johannes Cassian

Das Ruhegebet

Eine Einübung nach Johannes Cassian

Übertragen und eingeleitet von Peter Dyckhoff
Mit einem Vorwort von Johannes Bours
und einem Nachwort von Tatjana Goritschewa

Kösel

ISBN 3-466-20362-7

Druck und Bindung: Kösel, Kempten
Umschlag: Elisabeth Petersen, Glonn, unter Verwendung eines Fotos »Auf dem Berg Athos« von Zbigniew Kosc, Amsterdam

2 3 4 5 · 96 95 94 93

Gedruckt auf umweltfreundlich hergestelltem Werkdruckpapier (säurefrei und chlorfrei gebleicht)

Inhalt

Das Ruhegebet aus alten christlichen Quellen –
ein beständiges Anliegen 9

Vorwort von Johannes Bours 17

Hinführung zum Ruhegebet 27

1. Vor-satz 27
2. Lebensaktivität durch Ruhe: das Ruhegebet 27
3. Wie ein reines und aufrichtiges Gebet bereitet wird . . . 30
4. Von der Beweglichkeit der Seele, die mit einer Flaumfeder verglichen wird 32
5. Hindernisse auf dem Weg 33
6. Von der Gefahr ruheloser Arbeit 35
7. Entstehen gute Gedanken aus freiem Willen? 37
8. Verschiedene Arten des Betens 39
9. Vier Gebetskategorien 40
10. Die Reihenfolge 41
11. »Bitten« 42
12. »Gebete der Hingabe« 42
13. »Fürbitten« 43
14. »Danksagungen« 43

15. In welcher geistigen und seelischen Verfassung stellen sich diese Gebete ein? 44
16. Gebetserfahrung von Stufe zu Stufe 46
17. Ging auch Jesus einen solchen Gebetsweg? 47
18. Das Gebet des Herrn 49
19. »Dein Reich komme« 51
20. »Dein Wille geschehe wie im Himmel so auf Erden« . . . 53
21. »Unser überwesentliches, tägliches Brot gib uns heute« . 54
22. »Und vergib uns unsere Schuld, wie auch wir vergeben unseren Schuldigern« 55
23. »Und führe uns nicht in Versuchung« 56
24. Bitten über das Vater unser hinaus? 57
25. Das höhere Gebet 58
26. Kann man auch durch Lebenssituationen zu einer tieferen geistlichen Dimension des Betens geführt werden? . . . 59
27. Verschiedene Auswirkungen der Meditation 61
28. Kann Lösen von Spannungen gesteuert werden? 62
29. Die verschiedenen Ursachen des Weinens 63
30. Das Weinen des »äußeren« Menschen 65
31. Der höhere Gebetszustand 65
32. Wann findet Beten Gehör? 66
33. Kann ein Zweifelnder Zuversicht haben? 66
34. Verschiedene Ursachen der Erhörung und die Beharrlichkeit im Gebet 66
35. Weisung zum Ruhegebet (Mt 6,6) 72
36. Erfüllung im Ruhegebet 73

Anleitung zum Ruhegebet 75

1. Vor-satz 75
2. Das Gottesbild gerät ins Wanken 76

3. Das Gottesbild wird zerstört 76
4. Serapion verlangt Erfahrung 79
5. Ursachen der Begrenzung 80
6. Aufstieg zum Berg der Gotteserfahrung 82
7. Das Ziel: Einssein mit Gott 84
8. Weg-Weisungen 86
9. Ein erster Blick auf das Geheimnis 89
10. Vom Geheimnis der Entgrenzung 91
11. Entgrenzung erfahren 105
12. Was kann vollkommener sein? 109
13. Unruhig ist unser Geist 110
14. Der *grund*-legende Weg: das Ruhegebet 113

Tradition als Herausforderung 117

1. Johannes Cassian in seiner Zeit... 117
Wenig ist viel: die vergessene Dimension 118
Der 23. Juli in Marseille 120
Die Alexandrinische Schule 122
Indischer Einfluß – ein Vorurteil? 123
2. ... und als Herausforderung bis heute 124

Geistlicher Stammbaum des Johannes Cassian 127
Vergleichende Zeittafel 128
Nachwort von Tatjana Goritschewa 131
Quellenangaben 134
Das Ruhegebet in benediktinischer Tradition 139

Das Ruhegebet aus alten christlichen Quellen – ein beständiges Anliegen …

»Nichts ist schwer, sind wir nur leicht.« In einer der ersten Begegnungen gab mir Johannes Bours dieses Schlüsselwort. Mit Absicht ohne es zu kommentieren. Zu dieser Zeit schien mir die Tür zu dem für mich persönlich richtigen geistlichen Weg verschlossen – eine Tür, von der ich glaubte, sie ginge nach außen auf.

Johannes Bours (1913-1988), Dr.theol. h.c. des Fachbereichs Theologie der Universität Münster, war Spiritual am Priesterseminar und geistlicher Begleiter vieler. Er wurde insbesondere durch zahlreiche Exerzitien-Bücher, geistliche Sendungen in Funk und Fernsehen, Meditationen und als Initiator der Konferenz der deutschsprachigen Spirituale bekannt. Ihm ist dieses Buch in dankbarem Gedenken gewidmet.

»Nichts ist schwer, sind wir nur leicht« (Richard Dehmel). Ich spürte, daß dieses Wort auch für Johannes Bours selbst eine große Bedeutung hatte und aus einer tiefen Erfahrung kam. »Leicht« dürfe nicht mit »leicht-fertig« oder »leicht-sinnig« gleichgesetzt werden. Nichts sei schwer, »sind wir nur frei, von innen her gelockert, gelöst, gelassen, durchlässig …«.

In der jahrelangen geistlichen Beratung führte er mich zu meiner eigenen Erfahrung: Ein Gehaltensein von innen her – aus einer

Mitte, die wir nicht gemacht haben, sondern die als Geschenk in uns gelegt ist, die wir nur zulassen können. Johannes Bours begleitete und bestätigte mich auf diesem Erfahrungsweg und gab mir durch die Hinführung zum Ruhegebet einen im Grunde ganz einfachen Schlüssel.
Wenn es um Lebensentscheidungen ging, war es ihm wichtig, zusammen mit seinem Gesprächspartner herauszufinden, welche Schrittlänge ihm angemessen ist im Gehenlernen des eigenen Weges, um unter den Augen Gottes wahrhaft Mensch zu werden. Seine erste Aufgabe sah er im Zuhören. Er nahm den anderen ganz an, stellte sich auf ihn ein und versuchte das für den einzelnen Wichtige zu erspüren – unter Zurücknahme seiner selbst. Es ging ihm immer um einfache, wesentliche Schritte auf dem Weg des Menschen mit Gott.
Als ich Johannes Bours zum ersten Mal begegnete, wurde ich auf eine besondere Weise von ihm angesprochen. Es war mir, als ob ich inmitten der mein Leben damals begleitenden Hektik und Unruhe den Ruf der Stille wahrgenommen hätte und neu aufmerken durfte für die Tiefenströmungen des Herzens, für die leise Sprache Gottes.
In den letzten Monaten vor seinem Tod kristallisierte sich in unseren Gesprächen immer wieder die Frage heraus, wie der spezifisch geistliche und geistige Weg im und zum Christentum konkretisiert und intensiviert werden könne. Aufgrund meiner persönlichen und beruflichen Entwicklung sowie der eigenen jahrzehntelangen Erfahrungen mit dem Ruhegebet gab mir Johannes Bours den Auftrag, diese aus frühchristlichen Quellen stammende Gebetsform auch anderen Menschen zu erschließen. Dieser Auftrag und das damit in mich gesetzte Vertrauen sind für mich Anlaß und Ansporn zugleich, einen geistlichen Schulungsweg als Einführung in das Ruhegebet aufzuzeigen.
In dem folgenden Vorwort, das er mir anfangs diktiert, später dann auf ein Tonband aufgesprochen hat, sagt er über Cassian:

Diese Form des Gebetes hat eine ganz starke Tradition. Die ersten Zeugnisse im Abendland gehen ins 4. Jahrhundert zurück. Johannes Cassian, der Mönchsvater, auf den Benedikt sehr stark zurückgeht, hat den Hesychasmus, das Gebet der Ruhe, ins Abendland gebracht.

Der erste Text von Cassian, den mir Johannes Bours während meiner theologischen Studien in Münster gab, war ein Zitat aus der »Ersten Unterredung des Abtes Isaak über das Gebet« (Collatio IX,3):

> Wir müssen es unserem Geist abgewöhnen, sich herumzutreiben: nur dann kann er allmählich Schritt für Schritt zu geistlicher Schau, ja zur Kontemplation Gottes, aufsteigen.
> Was nämlich unseren Geist vor der Stunde des Gebetes beeindruckt hatte, steigt in ihm wieder hoch, wenn er betet. Wir müssen also jenen geistigen Zustand, den wir beim Beten haben möchten, vor der Gebetszeit vorbereiten. Die innere Verfassung, in der wir vor dem Beten waren, wird schließlich auch das Gebet prägen.
> Wenn wir zum Beten niederknien, wird alles, was wir kurz zuvor gefühlt, geredet oder getan haben, höchst eindrucksmächtig wieder in uns lebendig werden. Entsprechend unserer Seelenverfassung zuvor, werden wir dann (während wir doch beten möchten!) zornig sein oder auch deprimiert: Wir werden uns mit den eigensüchtigen Interessen und Begierden herumschlagen, die uns vor Beginn des Gebetes im Bann hielten; möglicherweise wird uns auch – fast schämt man sich, es zu sagen – irgendein possenhaftes Wort oder Gebaren von neuem kitzeln und zum Lachen reizen; oder wir flattern weiter in den Gedankengängen umher, in denen wir zuvor ziellos herumgeirrt waren.
> Wovon wir während des Betens nicht belästigt werden möchten, müssen wir schon vorher aus unserem Herzen verbannen.

Diese Worte waren für mich Faszination und zugleich Motivation, seinen Rat zur Bereitung eines reinen und aufrichtigen Gebetes sofort und ohne ein weiteres Be-denken aufzunehmen. Auf dem Weg des Hesychasmus – der Einübung des Gebetes der Ruhe – begleitete mich mein Spiritual Johannes Bours über Jahre. Unter seiner geistlichen Führung und behutsamen Anleitung durfte ich bedeutsame Erfahrungen machen, die mein weiteres Leben ganz neu prägten. Das Ruhegebet kommt der Sehnsucht nach Ganzheit entgegen, nach Integration von Geist, Seele und Körper, nach Erkenntnis und Bewältigung des dunklen Schattens im Menschen. Durch die Wiederholung des Gebetes findet der Meditierende zunächst einmal zu sich selbst und lernt, seine eigene Wahl zu treffen. Er wird frei von unnötigem Ballast, durchlässig für den Geist Christi, so daß er seinen eigenen Weg erkennen, gehen und auch bejahen kann.

Es drängt mich immer wieder, auch anderen Menschen dieses so einfache und wirkungsvolle Gebet nahezubringen, ihnen den Weg zu bereiten und sie einzuführen in das Ruhegebet.

Es entstand der Kursus »Das Ruhegebet – eine Einübung« in einen Meditationsweg aus der christlichen Tradition, aufbauend auf dem Ruhegebet von Johannes Cassian – eine Chance für alle, die über die Begrenztheit im Alltag hinauswollen, um aus der lebensspendenden, wirklichen Kraftquelle zu schöpfen.

Damit aber die eigene Gebetserfahrung immer wieder richtig wertgeschätzt, eingeordnet, verstanden und intellektuell verarbeitet werden kann, so daß größere Zusammenhänge des christlichen Glaubens erkennbar werden, genügt nicht nur der Austausch von Erfahrungen mit dem Lehrer und anderen, sondern es ist zudem ein theologisches Wissen notwendig, das eine große Nähe zu seinem Ursprung hat und dem Meditierenden auf seinem geistigen Weg konkrete Antwort gibt.

So darf man dieses Buch »Das Ruhegebet – eine Einübung« als Wiederbelebung eines mehr oder weniger zugeschütteten und vergessenen geistlich-geistigen Fundamentes verstehen. Es möchte Wegbereiter und geistlicher Begleiter sein.

»Unterweisung über das Gebet« –
so nannte Johannes Cassian das 9. und 10. Kapitel in seinem Hauptwerk »Die 24 Unterredungen mit den Vätern« (Collationes Patrum XXIV).
Im 12. Abschnitt der 10. Unterredung faßt Cassian das Wesentliche sowohl der Theorie als auch der Praxis des Ruhegebetes zusammen:

> Quid enim potest esse perfectius, quidve sublimius, quam Dei memoriam tam compendiosa meditatione complecti, atque unius versiculi volutatione a cunctis visibilium terminis demigrare, et quodammodo affectus orationum cunctarum brevi sermone concludere? (Collatio X, 12)

> Was in der Tat kann vollkommener oder höher sein als die Bewußtwerdung Gottes in einer so kurzen Meditation zu erreichen und sogar durch das Dahin-strömen-Lassen eines einzigen Verses *alle sichtbare Begrenztheit zu überschreiten* und gleichsam alle Gebetszustände in kurzen Worten zusammenzufassen?
>
> (Collatio X, 12)

»Alle sichtbare Begrenztheit zu überschreiten ...« –
diese Entgrenzung ist nachweislich schon seit über 1.600 Jahren Anlaß für ein beständiges Suchen nach Gott und das Gehen eines ganz bestimmten Meditationsweges geworden.
Das Ruhegebet offenbart schrittweise das Geheimnis der Entgrenzung auf Gott hin.

Johannes Bours:

Was ist das denn – Geheimnis der Entgrenzung? Es gibt eine unheimliche Entgrenzung. Keine Zeit, so lange es Menschen gibt, erfährt die unheimliche Entgrenzung so wie unsere Zeit … Die eigentliche, böseste und dunkelste Entgrenzung heute heißt: Der Mensch ist auf dem Wege, alles zu machen, was er machen *kann*! …
Und nun das Bild der seligen Entgrenzung:
Es ist das Herz des Menschensohnes, es ist das durchbohrte Herz des Gekreuzigten und Auferstandenen, es ist die Ohnmacht der wehrlosen Liebe Gottes in dem geopferten Lamm: innerstes Strahlungszentrum der Liebe, innerste Liebeskraft, österliche Lebenskraft, alles verwandelnd, alles erlösend: größte Entgrenzung aus der Herzkraft der wehrlosen Gottesliebe! Diese Strahlungskraft der Liebe wurde freigesetzt Ostern und Pfingsten:
Entgrenzung in *das* Leben hinein …
Das Geheimnis der Entgrenzung: verborgen in diesem Strahlungszentrum der Liebe, verborgen in einem Stück Brot, den Menschen zum Essen gegeben: damit sie Verwandelte werden, damit in ihnen die geheime Umwandlung beginnen kann, damit sie selber Strahlungszentren, Medien der Liebe werden. Entgrenzung aus der Strahlungskraft der Liebe und des österlichen Lebens, der Wahrheit, die Liebe ist …
Kann man für den Weg, der in die Weite der befreienden Entgrenzung führt, Wegweiser aufstellen?
Einen einzigen Wegweiser möchte ich nennen:
Er heißt: Auf Jesus schauen, dessen Werk es war, Freiheit zu verschenken, Freiheit und Weite, die aus der Gottesliebe kommen.

Fragen, die während der Kurse »Das Ruhegebet – eine Einübung« immer wieder gestellt werden, finden Sie mit den entsprechenden Antworten an den jeweiligen Textstellen, markiert mit den Zeichen ✧ … ✧.

Sicherlich haben Sie weitere Fragen. Sollten diese für Sie offen bleiben oder fühlen Sie sich mit Ihren Anliegen allein, schreiben Sie bitte:
HAUS CASSIAN, Auf der Heide 18, 3253 Rohdental

Peter Dyckhoff

Vorwort von Johannes Bours

Nicht wenige Menschen unserer Tage haben Meditationsübungen gelernt, die ihnen in der Zerrissenheit und Beanspruchung unserer Lebenswelt gute Hilfe bieten. Viele dieser Meditationsweisen sind von Asien her angeregt worden. Manche, die solche Meditationsübungen täglich vollziehen, bekennen, daß dieses Exerzitium ihnen etwas an Gelassenheit und Ruhe vermittle; daß sie mehr zu sich selbst gefunden hätten; ja, daß sie einen stärkeren Sinn für das Transzendente, für das Göttliche bekommen hätten.

Für gewöhnlich wird man dieses Meditieren, so hilfreich es sein mag, noch nicht Gebet nennen können, Begegnung mit dem Du Gottes. Und es ist zu fragen – sofern diese Übungen asiatischen Ursprungs sind –, ob sie von ihrem weltanschaulichen Ursprung und Hintergrund ablösbar sind, ob durch sie der abendländische, aus christlichem Wurzelboden stammende Mensch möglicherweise nicht auch verfremdet werden kann.

Gibt es christliche Meditationsweisen, die, ähnlich wie die oben gemeinten, sehr einfach sind, den Menschen im guten Sinne zu sich selbst führen? Mehr noch: ihn vor Gott kommen lassen? Ihn mehr zur Liebe erschließen? Meditationsweisen, die Gebet im eigentlichen, christlichen Sinne sind? Ein christliches Exerzitium, das im heutigen Alltag täglich getan werden kann, ohne daß es eine neue Anstrengung wird zu allen schon geforderten Anstrengungen hinzu? Das

nicht nur mit dem Kopf getan wird, sondern ganzmenschlich und daher Verwandlungskraft hat?
Die christliche Überlieferung kennt viele dieser Gebetsweisen. Zum Teil sind sie in Vergessenheit geraten unter dem Sog der rasenden Entwicklung nach außen hin.
Eine dieser Meditationsweisen wird hier vorgelegt. Sie geht auf eine uralte Tradition zurück und ist auf der Brücke von Asien zum Abendland entstanden. Es ist das Ruhegebet, eine Entfaltung des Jesusgebetes oder Herzensgebetes. Es kann zum »wesentlichen Gebet« führen, das heißt, es kann den Übenden aus seinem christlichen Wesensgrund beten lassen.
Die wesentliche geistlich-theologische Voraussetzung für diese Gebetsweise nennt uns das Neue Testament.
Wenn ein Mensch getauft ist, dann wohnt und lebt in der Tiefe seiner Seele, in der innersten Mitte, in der innersten Kammer seines Daseins der Geist Jesu Christi, ein innerstes Leben, ein innerstes Licht in der Mitte oder in der Tiefe unseres Lebens. Und dieser Geist Jesu Christi in uns ist nicht stumm. Er steht in geheimnisvoller Zwiesprache mit Gott, dem Vater. In uns und aus der Herzkammer unseres Daseins spricht Paulus das Liebeswort zum Vater: »Abba – Du lieber Vater«. Weiter sagt Paulus: »Da ihr nun Söhne seid, hat Gott den Geist seines Sohnes in unsere Herzen entsandt, der ruft: ›Abba, du lieber Vater‹« (Gal 4,6) und: »Die Liebe Gottes ist in unseren Herzen ausgegossen durch den Heiligen Geist, der uns geschenkt worden ist« (Röm 5,5). In uns ist ein immerwährendes Beten, das verborgene und verhüllte Beten des Geistes Christi zum Vater. Wir nennen es das wesentliche Gebet. Roger Schütz: »Du bist es, der Tag und Nacht in mir betet, ohne daß ich es wüßte.« All unser Beten, was ist es schon? Was wissen wir schon, wie und was wir beten sollen? Paulus sagt im Römerbrief (8,26): »Was wir beten sollen, wie es sein müßte – wir wissen es nicht. Aber der Geist (Christi in uns) selbst legt Fürsprache für uns ein in unsagbaren Seufzern«, in einer Sprache, die wir nicht verneh-

men, jetzt in der Verhüllung unserer Pilgerschaft – die Liebessprache des Sohnes in uns mit Gott, dem Vater.
Diese verborgene Tiefe, die für den Christen der Geist Christi in uns ist, glaubend, schweigend in diesen Atem unseres Atems einzuschwingen: Das wäre das Ziel des Betens. »Du bist mein Atem, wenn ich zu dir bete«, so heißt es in einem Lied im »Gotteslob« (Nr. 621). Fénelon, ein großer Beter, beginnt ein bekannt gewordenes Gebet mit dem Satz: »Herr, ich weiß nicht, um was ich beten soll ... Ich weiß nicht, was ich beten soll ...« Darum sucht und trachtet er nach Gebetsworten. Am Ende aber läßt er alles und sagt zu Christus: »Bete du in mir!«
Und Mechthild von Magdeburg, eine Mystikerin des 13. Jahrhunderts, betet:

Du leuchtest in meiner Seele
wie die Sonne auf dem Golde.
Herr, wenn ich in Dir ruhen darf,
ist meine Wonne überreich.
Nun habe ich Dir gesungen,
noch ist es mir nicht gelungen.
Wolltest Du mir singen,
dann müßt' es mir gelingen!

Viele, die zur Übung des Herzens- oder Ruhegebetes gekommen sind und sich ganz einfach an die Anweisungen gehalten haben, sind zu erstaunlichen inneren Erfahrungen gelangt. Ich erinnere mich zum Beispiel an eine Lehrerin, die mir nach zwei bis drei Jahren eines Tages dankte, weil ich sie auf dieses Gebet hingewiesen hatte. Sie berichtete, daß sie auf der einen Seite eine generelle Vertiefung ihres Gebetslebens erfahren habe, auf der anderen Seite aber auch mit einer viel größeren Sicherheit in ihrem Berufsleben stünde, mit einer viel größeren Gelassenheit und inneren Freiheit den Kindern gegenüber. Auch ihr Mann habe eine positive Veränderung

bei ihr festgestellt, seitdem sie intensiv und mit Ausdauer das Herzensgebet übe.
Etwas Ähnliches erlebte ich, um noch ein Beispiel zu erwähnen, bei einem Angestellten, der etwa Mitte 30 war. Er hatte einmal mit mir zusammen meditiert, und ich hatte ihn auf die Möglichkeit hingewiesen, das Jesusgebet zu üben. Ein Gedankenaustausch fand dann längere Zeit nicht mehr statt. Nach etwa einem Jahr kam er auf mich zu und berichtete mir, daß er in seinem inneren Leben zu einer großen Ausgeglichenheit gekommen sei und vor allem, bestimmte Ängste im religiösen Bereich, gewisse Skrupel, sich völlig aufgelöst hätten.
Ich weiß aber auch von Menschen, die eine sehr diffuse oder fast gar keine Beziehung zu Jesus Christus hatten. So denke ich an einen jungen Mann von zwanzig Jahren, der es einfach einmal wagte, das Jesusgebet aus einer gewissen Experimentierfreudigkeit heraus zu üben. Nach einiger Zeit schrieb er mir einen Brief, er habe dieses Gebet geübt, und er könne jetzt sagen, Gott sei sein bester Freund geworden. So zeigt sich, daß es vielerlei Zugänge zum Jesusgebet gibt, die aber in einem persönlichen Gespräch abgeklärt werden sollten.
In den letzten Wochen und Monaten habe ich mich nach langer Pause einmal selber wieder auf den Versuch des Betens, auf das Jesusgebet, eingelassen. Ich möchte es gerne wieder neu belebt wissen, weil es eine sehr einfache Form meditativen Betens ist. Und ich finde, wenn einer das Jesusgebet wirklich betet, es wirklich lernt, dann braucht er nicht fremde Meditationsformen zu lernen. Das Jesusgebet ist ein Gebet im Heiligen Geist.
Diese Form des Gebetes hat eine ganz starke Tradition. Die ersten Zeugnisse im Abendland gehen ins 4. Jahrhundert zurück. Johannes Cassian, der Mönchsvater, auf den Benedikt sehr stark zurückgeht, hat den Hesychasmus, das Gebet der Ruhe, ins Abendland gebracht.
Cassian gab Kunde vom Hesychasmus, dem Gebet der Ruhe, das umfassender ist als das Jesusgebet und das im Osten, bei den ostkirchlichen Mönchen, insbesondere in Ägypten, geübt wurde.

Diese Gebetspraxis ist aber dann von der abendländischen, westlichen Welt mehr und mehr zurückgedrängt worden, während sie in der Ostkirche immer lebendig geblieben ist, eigentlich bis auf den heutigen Tag. Die Stätte, wo das hesychastische Gebet und im hesychastischen Gebet das Jesusgebet heute ganz ausdrücklich geübt wird, ist bekanntlich der Athos-Berg, die Mönchsrepublik auf dem Athos. Ich bekam einen Brief von einem Studenten, der lange auf dem Athos war. Er schreibt darin: »Wovon jedoch auf beeindruckende Weise diese Mönche leben, ist das Jesusgebet. Ich habe die Bedeutung erst ziemlich spät herausgefunden, weil ich ihre schwarzen Ketten für Rosenkränze hielt. Ich mußte dabei an das denken, was Sie mir einmal vom Jesusgebet gesagt haben. Hier ist es lebendig realisiert. Ich überlege, warum es mir so schwer fällt, so etwas in meiner Welt zu leben!«

Er spürte wohl ein gewisses Befremden. Auf dem Athos ist es sozusagen das Gebet, von dem die Mönche leben, die zum Teil theologisch ganz ungebildet sind.

Im Rußland des vorherigen Jahrhunderts, des 19. Jahrhunderts, war das Jesusgebet bei den einfachen Menschen sehr verbreitet – ähnlich wie bei uns der Rosenkranz. Kunde davon gibt der sehr bekannte Bericht »Aufrichtige Erzählungen eines russischen Pilgers«, der zu einem Volksbuch geworden ist. Pater Emmanuel Jungclaussen von der Benediktiner-Abtei Niederaltaich bei Passau hat es neu herausgegeben. Es wird in Form eines Erzählberichtes, eines Pilgerberichtes, etwas über das Jesusgebet gesagt. Es ist möglich, die Forscher vermuten es, daß die Methodik dieses Betens aus Indien stammt, daß durch den Kontakt christlicher Mönche im Osten mit indischen hinduistischen Mönchen diese Gebetsweise aufgekommen ist. Das heißt, die abendländischen Mönche haben die Methodik ins Christliche aufgenommen, die sich dann zum christlichen Beten gewandelt hat.

Im Jesusgebet ruft der Beter in rhythmischer Weise den Namen »Jesus« an. In der Überlieferung der Alten ist ja der Name das Wesen

eines Menschen. Das Jesusgebet besteht also im Aussprechen des heiligen Namens Jesu in Verbindung mit verschiedenen Formeln. Unter den Gebetsformeln, die sich im Laufe der Jahrhunderte herausgebildet haben, fand auf dem Athos und in Griechenland besondere Verbreitung die Anrufung: »Herr Jesus Christus, Sohn Gottes, erbarme dich meiner.« Dieser Ruf des Blinden wird jeweils in der slawischen Sprache gebetet, die für den Mönch üblich ist. Es haben sich mehrere Formeln herausgebildet von der kürzesten Form, die »Jesus« heißt, bis zu längeren, wie zum Beispiel die Formel, mit der ich in den letzten Wochen das Jesusgebet zu beten versuche: »Jesus Christus«. Bei »Jesus« ist mehr die Menschheit angesprochen; »Christus«, das griechische Wort für »Messias«, deutsch: »der Gesalbte«, ist mehr auf die Erhöhung ausgerichtet. Die Beschränkung auf den Namen »Jesus« findet übrigens in der Tradition ihre Stütze, angefangen von Johannes Klimakos (7. Jahrhundert) bis in die Gegenwart. Klimakos schreibt: »Wenn wir von der Anrufung des Namens ›Jesus‹ sprechen, dann meinen wir die ehrfürchtige und oftmalige Wiederholung des Namens selbst, die Wiederholung des Wortes »Jesus« ohne Beiworte. Der heilige Name ist das Gebet.«
Die größte und umfassendste Formel, wie sie auf dem Athos gebraucht wird, ist schon zu einem ganzen und langen Gebet geworden. Da heißt es:
»Herr, Jesus Christus, Sohn und Wort des lebendigen Gottes, auf die Bitten deiner reinsten Mutter und aller Heiligen, habe Erbarmen mit uns und rette uns!«
Die Gebetsformel, die am gebräuchlichsten ist, lautet: »Herr, Jesus Christus, erbarme dich meiner« oder »unser«. Oder: »Jesus Christus, erbarme dich meiner« oder »unser«. Von vielen Mönchen auf dem Athos wird auch einfach das »Kyrie eleison« gebetet. Hier ist der Name nicht mehr direkt ausgesprochen.
Das Jesusgebet besteht also einfach in der Wiederholung des Namens Jesu, wobei der Name »Jesus« in verschiedenen Formen gebraucht

werden kann. Eine ganz alte Mönchsanweisung, die ins 7. Jahrhundert zurückgeht, eine östliche Anweisung vom Athos her, sagt: »Setze dich still und einsam hin. Neige den Kopf, schließe die Augen, atme recht leicht. Blicke mit deiner Einbildung in dein Herz und führe den Geist, das heißt das Denken, aus dem Kopf ins Herz. Beim Atmen sprich, leise die Lippen bewegend oder nur im Geiste: ›Herr, Jesus Christus, erbarme dich meiner!‹ Gib dir Mühe, alle fremden Gedanken zu vertreiben. Sei nur still und habe Geduld und wiederhole diese Beschäftigung recht häufig.«
Beim Studium über das Jesusgebet habe ich eine interessante Feststellung gemacht. In der obengenannten Anweisung hieß es in der ältesten Fassung: »Führe dein Denken vom Kopf her in den Bauch.« Und in den späteren Texten steht »ins Herz«. Das ist für mich ein weiteres Zeichen, daß die Anweisung von Asien, vom Zen-Buddhismus, vielleicht vom Hinduismus, kommt. Der Bauch ist die Leibmitte des Menschen. Beim Hara, beim Zen-Buddhismus, ist das die Zwerchfellatmung, so daß die Mitte des Leibes etwa unterhalb des Nabels gespürt wird. Ist da das Zentrum, die Erdmitte? »Hara« ist ein japanisches Wort und heißt »Erdmitte des Menschen«. Ursprünglich haben die indischen oder asiatischen Mönche die Unterweisung in dieser Form gegeben. Man muß vom Kopf her nach unten gehen, man muß fest verwurzelt sein in der Erdmitte, im Beckenraum. Dann haben allerdings die christlichen Mönche gesagt, die eigentliche Mitte des Menschen ist die Herzmitte, die Begegnungsmitte, die Liebesmitte. Sie meinen nicht die Geistmitte, die Himmelsmitte, nicht die Erdmitte, den Bauch, sondern die Herzmitte, die Begegnungsmitte, die Mitte des Du- Sagens.
Der Christ sagt »Du«. Das Höchste ist der Himmel, und der ist Liebe. Der christliche Himmel ist Liebe und Nichtvergessen, Aufhören vom Leib im Vergessen, im Nichts.
Man sollte sich für das Jesusgebet eine Viertelstunde oder zwanzig Minuten Zeit nehmen, um seine ersten Erfahrungen damit zu ma-

chen. Wenn man es länger geübt hat, durch Wochen und Monate hindurch, wird es gelingen, sich auf das Jesusgebet ganz einzulassen, und man wird gute Erfahrungen damit machen. In Phasen der Stille wird sich dann sehr leicht und spontan diese Form des Jesusgebetes einstellen, ein unangestrengtes Beten. Wir müssen so viel nachdenken, so viel mit dem Kopf arbeiten, wir haben so viel Inhalte. Warum sollten wir nicht einmal still werden, einfach werden, Kind werden, gelöst sein in diesem immer wieder demütigen, vertrauenden, gläubigen, liebenden Aussprechen des Namens »Jesus«.

Dann werden auch die unbewußten Tiefen der Seele mit einbezogen; das Gebet der Ruhe kann eintauchen ins Unbewußte. Die Kraft des heiligen Namens ist eine große Kostbarkeit. Das Jesusgebet ist geeignet für Anfänger und für Fortgeschrittene; sie werden es jeweils verschieden beten. Jeder muß aber seine eigenen Erfahrungen machen.

Teresa von Avila sagt: »Es kommt im Beten nicht darauf an, viel zu denken, sondern viel zu lieben.« Und diese Liebe kann vielleicht in uns entzündet und erweckt werden von der Kraft des heiligen Namens. Dazu muß ich aber selbstverständlich sagen, daß nicht das Lernen der Methodik, das Einüben, den Menschen allein verwandelt. Das Ruhegebet wird erst wahrhaftig, wenn es einen Kontext zum Leben hat. Ich muß versuchen, von meinem Leben her wahrhaftig, vertrauend und liebend zu werden, dann wird auch mein Jesusgebet wahrhaftig. Aber umgekehrt darf ich doch auch wohl vertrauen, und vielleicht sogar noch mehr vertrauen, daß vom Eintauchen und vom Eingetauchtwerden in die Kraft des heiligen Namens Verwandlung ausgeht und mein Leben sich verwandelt, daß ich aus solchem Beten gläubiger, vertrauender und liebender weggehen kann. Das Jesusgebet ist ein Gebet für den Christen.

Was ist der tiefste Lebensgrund, aus dem dieses Gebet leben kann? Nicht der Atem, nicht der natürliche Atem, sondern der Heilige Geist, dieser Atem in uns, der in uns hineingegeben ist. »Die Liebe

Gottes ist ausgegossen in euren Herzen durch den Heiligen Geist, der euch gegeben ist« (Röm 5,5). Und im Abgrund unserer Seele, in dem der Heilige Geist, der Geist Gottes, wohnt, steigt das Unnennbare aus dem Geiste Jesu Christi seufzend auf aus der Tiefe, das Abba-Wort: »Du lieber Vater«. Und wenn ich jetzt in meinem Jesusgebet den Namen »Jesus Christus« innerlich ausspreche, darf ich dann nicht darauf vertrauen, daß mein Beten, mein armseliges Beten an der Oberfläche meines Bewußtseins und auch in die Nähe des Unbewußten hin, einschwingen darf in das Unnennbare, unsichtbare, verborgene Beten des Geistes Christi in mir, der das Vater-Wort sagt: »Abba«, »Du lieber Vater«? Es gibt ein Wort im 1. Korintherbrief: »Niemand kann sagen ›Herr Jesus‹, es sei denn im Heiligen Geist« (1 Kor 12,3). Wenn ich also das Jesusgebet bete, spreche ich als Getaufter den Namen »Jesus« aus im Heiligen Geist. Das muß doch wirksam werden!

Im vierten Kapitel der Apostelgeschichte werden Petrus und Johannes nach der Heilung des Lahmgeborenen vor den Hohen Rat gebracht und gefragt: »Durch welche Kraft oder in welchem Namen habt ihr das getan?« Und da sagt Petrus: »Im Namen Jesu Christi von Nazaret … In keinem anderen Namen beruht das Heil. Denn es ist kein anderer Name unter dem Himmel den Menschen gegeben, in dem wir selig werden können« (Apg 4,10.12). Das heißt, im Namen Jesu Christi können wir selig werden. Natürlich sind nicht die Buchstaben gemeint, sondern die Wirklichkeit, die in diesem Namen ausgesprochen wird, der Name, den Josef in Nazaret vom Engel im Traum hörte: »Du sollst ihm den Namen Jesus geben, denn er wird sein Volk von seinen Sünden erlösen« (Mt 1,21).

Wenn wir uns fragen, ob wir heute solches Jesusgebet hier im Westen auch beten können, scheint mir der Sinn für dieses einfache Gebet in den letzten Jahren wieder sehr gewachsen zu sein, weil wir, wenn auch die Anregung dazu aus dem außerchristlichen Raum oder außerkirchlichen Raum zu uns gekommen ist, ganz neu Sinn gefunden haben für die leiblichen Momente des Betens, also die ganzmenschlichen.

Vielleicht kommt diese einfache Weise des Betens uns heute besonders entgegen bei der starken »Verkopfung«, in der wir leben und leben müssen. Mit dem Gebet der Ruhe ist endlich eine Möglichkeit gegeben, wie auch beim Rosenkranzgebet, nur noch wieder einfacher, eben einfach, zu beten und in die Richtung des sogenannten Herzensgebetes und vielleicht sogar des beschaulichen Gebetes zu kommen.

Alle Unterweisungen über das Jesusgebet stimmen in einem sehr wichtigen Punkt überein. Das Jesusgebet kann letztlich nicht erlernt werden nur durch methodische Übung – und sei sie noch so gründlich. Es ist Beten. Das Ganze des Christlichen muß gleichsam der Wurzelboden für dieses Gebet sein. Wo es am ernsten Bemühen fehlt um Demut, um Gehorsam und Treue im Alltag, um Bruderliebe, wo der Sinn um das Schweigen fehlt, das auch mit Verzicht verbunden sein kann, da muß man befürchten, daß das Jesusgebet, mag es vielleicht auch technisch sehr vollkommen sein, dann doch eine Täuschung ist.

Das Sagen des Namens »Jesus« kann ganz innerlich bleiben und wird nicht verbalisiert. So wie der Klang einer Glocke verklingt, soll dem heiligen Namen Zeit gegeben werden zu verklingen. Die Wiederholung des Namens ist dem Flügelschlag des Vogels, der sich in die Lüfte erhebt, vergleichbar. Wenn der Vogel die erstrebte Höhe erreicht hat, gleitet er in seinem Flug dahin, und nur von Zeit zu Zeit schlägt er mit seinen Flügeln, um sich in der Luft zu halten. Das ist ein Bild dafür, mit welcher Ruhe dieses getragene Beten vor sich gehen sollte, ich möchte fast sagen, zugelassen werden sollte. Es beginnt mit einer kleinen Anstrengung des Geistes und wird immer einfacher, immer einfacher, immer zarter, aber vielleicht immer tiefer, immer wahrhaftiger, immer demütiger. Vielleicht werden wir dann auch immer mehr ganzheitlich anwesend sein können, gesammelt im Anrufen und Erfahren seines Namens.

Hinführung zum Ruhegebet

1. Vor-satz

Das Ruhegebet ist von so zentraler Bedeutung, daß wir uns mit dieser Art des Betens intensiv und mit ganzem Herzen befassen wollen.

✧ *Ist Beten mit Meditation identisch?*
Meditieren muß nicht beten sein. Es gibt Meditationsweisen, die keine religiösen Inhalte besitzen, sondern lediglich eine Entspannung von Körper und Geist zum Ziel haben. Das cassianische Ruhegebet jedoch ist eine christliche Meditationsform, die die Anrufung Gottes zum Inhalt hat. Durch die zusätzliche religiöse Dimension erfährt der Betende nicht nur Entspannung für Körper und Geist, sondern Erfüllung im Glauben und somit eine seelische Entwicklung. ✧

2. Lebensaktivität durch Ruhe: das Ruhegebet

Ziel eines durch das Ruhegebet auf Gott ausgerichteten Lebens und Zeichen für die Vollendung des Herzens ist die beständige und ununterbrochene Verbindung mit dem Urgrund Liebe.

✧ *Was verstehe ich unter »Urgrund Liebe«?*
Gott ist der Grund allen Seins.
»Gott ist die Liebe« (1 Joh 4,7-8).✧

Durch den geistlichen Schulungsweg erfährt der Übende innerhalb seiner menschlichen Begrenzungen mehr und mehr eine unbewegliche Ruhe des Geistes und gleichzeitig eine Reinigung des Nervensystems und Bewußtseins.
Deshalb beziehen wir in die Übungen auch den Körper mit ein, während der aktive Geist es lernen muß, weniger aktiv zu sein. Zwischen beiden besteht eine untrennbare und wechselseitige Verbindung.
So trägt auch jegliches lebensunterstützende Tun zur Vollkommenheit des Gebetes bei; ein solches Handeln kann aber nur Erfolg haben, wenn es im gleichen Urgrund wie das Gebet fest verankert und mit dem Geist geeint ist und zusammenklingt.

✧ *Was ist »lebensunterstützendes Tun«?*
Jegliche Aktivität, die zum Heilsein des Menschen und der gesamten Schöpfung nach göttlichem Plan führt, können wir als lebensunterstützendes Tun bezeichnen. Früher wurde dies »Tugend« genannt.✧

In diesem Sinne können Aktivitäten nur aus der immerwährenden und beständigen Ruhe des Gebetes gelingen. Ohne die Voraussetzung dieser Ruhe kann weder eine Kraft gewonnen noch erfolgreich umgesetzt werden. Um in der rechten Weise über die Wirkung des Gebetes zu sprechen wie aber auch über das Ziel, das in der Freisetzung und Entfaltung der Lebenskräfte besteht, muß zunächst bewußt gemacht und erörtert werden, was entwicklungshemmend und entwicklungsfördernd ist.
Alles, was zum Aufbau eines hohen und geistigen Turmes gehört, muß zuvor berechnet und sorgsam zusammengetragen werden (Lk 14,28).

Doch ist diese Vorbereitung unnütz, und die wahren Lebenselemente können sich nicht entfalten, wenn Stresse und Verspannungen nicht zuvor durch einen Reinigungsvorgang aufgelöst werden. Durch den mit dem Ruhegebet gleichzeitig verbundenen Reinigungsweg werden alte unverarbeitete Eindrücke gelöst, Abfälle und tote Trümmer der Gefühle eliminiert, auf daß mehr und mehr der lebendige und feste Boden unseres Herzens wie ein Felsengrund (Lk 6,48) zum tragfähigen Lebensfundament wird.

✧ *Wozu brauche ich eine »Reinigung«? Es geht mir doch gut!*
Es könnte Ihnen aber besser gehen.
Wenn Sie das Ruhegebet beten, werden Sie klar erkennen, wieviel ungenutztes Potential Ihnen noch zur Verfügung steht. ✧

Einzig und allein darauf kann Leben gelingen, verglichen mit dem Aufbau des hohen und geistigen Turmes, der unerschütterlich errichtet und im Vertrauen auf seine Festigkeit über seine begrenzte Dimension hinauswachsen kann. Ruht er auf einem solchen Fundament, kann ihn kein zerstörender Einsturz treffen und nicht einmal der Angriff irgendwie beunruhigen; auch heftigste Erschütterungen und trügerische Anfeindungen vermögen ihn nicht ins Wanken zu bringen (Mt 7,24-25).

✧ *Heißt das, daß mich gar nichts mehr beunruhigen oder erschüttern kann? Wäre ich dann nicht kalt und gefühllos?*
Ganz im Gegenteil.
Durch die Erfahrung tiefer Ruhe werde ich eher sensibler, hellhöriger und mitfühlender für die Sorgen anderer. Gleichzeitig erhalte ich aber – und das symbolisiert der »cassianische Turm« – Stabilität, die Grundvoraussetzung dafür ist, im Leid und in den vielen Auf- und Abbewegungen des Lebens zu bestehen. ✧

3. *Wie ein reines und aufrichtiges Gebet bereitet wird*

Im und durch das Gebet erfahren wir eine tiefere Ruhe und

- werden frei von allem, was unsere Aufmerksamkeit ungut fesselt,
- Sorgen um private oder berufliche Anliegen wie auch nur die Gedanken daran nehmen ab,
- alles dumme und unnötige Geschwätz, vornehmlich alles Gerede über andere, hört auf,
- Verwirrung durch Traurigkeit läßt die Seele nicht mehr zu,
- alle Sucht nach Befriedigung unserer rein egoistischen Bedürfnisse wird von der Wurzel her ausgerottet.

Solche und ähnliche unguten Eigenschaften werden allmählich aus unserem Inneren ausgestoßen, was zu einer größeren Reinheit des Herzens führt. Gleichzeitig wird dadurch das unerschütterliche Fundament einer Persönlichkeit gelegt, das einen immer höher werdenden Turm zu tragen vermag.
Aus dem ständig klarer werdenden Quellgrund entwickeln sich lebensfördernde Handlungen. Die dazu erforderliche Energie und Intelligenz wird davor bewahrt, von der natürlichen Richtung abzuweichen, so daß das Bewußtsein allmählich beginnen kann, in einen größeren geistigen Horizont und in Gottesbewußtsein hineinzuwachsen.

✧ *Muß ich also Energie und eine besondere Intelligenz besitzen, um das Ruhegebet praktizieren zu können?*
Wie wir gehört haben, führt die gewonnene Ruhe in der Meditation zum Abbau von Blockaden, und der Meditierende hat dadurch anstrengungslos Zugang zu seinen Lebenspotentialen. Leben selbst möchte ohne Anstrengung und intellektuelle Steuerung ins Leben kommen. Die dazu notwendige Kraft wird als Energie bezeichnet und die im Schöpfungsplan vorgegebene Richtung »Intelligenz«. Jeder, der denken kann, kann auch beten. ✧

Was unseren Geist vor dem Ruhegebet beeindruckt, steigt in ihm wieder hoch, wenn er betet. Wir müssen also in etwa die Verfassung, in der wir uns beim Beten befinden wollen, schon vor der Gebetszeit bereiten. Denn das Gebet wird von dem inneren Zustand, in dem wir uns vor dem Beten befanden, mitgeprägt. Und wenn wir uns dann zum Ruhegebet hinsetzen, wird vieles, was wir früher gefühlt, geredet, getan oder unterlassen haben, in uns lebendig und hält uns vorübergehend gefangen. Entsprechend vergangener Eindrücke können wir dann Unbehagen fühlen, deprimiert sein, oder nicht verwirklichte Anliegen und nicht erfüllte Wünsche werden wiedererweckt.

✧ *Hilft mir das Ruhegebet also nicht, wenn ich in einer plötzlichen Notsituation spontan beten möchte?*

Das Ruhegebet verbessert in jedem Fall den Zustand, den ich mit in das Gebet bringe. Bei Unabänderlichem oder in einer bedrängten Situation, unter Druck und in Leid darf ich immer der helfenden Liebe Gottes sicher sein; insbesondere aber auch durch meine Hingabebereitschaft im Gebet.

Kann ich es aber aus freier Entscheidung einrichten, so ist es ratsam, die Zeit vor der Meditation freizuhalten von aller Hektik und Anspannung, um dadurch eine günstigere Voraussetzung zu schaffen, in die Ruhe zu kommen. Es ist empfehlenswert, das Ruhegebet durch leichte körperliche Entspannungs- und Atemübungen einzuleiten.✧

Möglicherweise wird uns sogar eine frühere komische oder lustige Situation von neuem zum Lachen reizen; oder wir kehren in Gedankengänge zurück, in denen wir einmal herumirrten, ohne ein Ziel gefunden zu haben. Dieses Wiedererleben und Auflösen von unverarbeiteten Eindrücken sind wertvolle, wegbereitende Schritte.

Um nicht von all dem während des Betens wieder neu belastet zu werden, müssen wir schädigende Gefühle, Gedanken oder Handlungen meiden. Nur so können wir das Apostelwort leben: »Betet ohne Unterlaß« (1 Thess 5,17), und: »Überall erhebt reine Hände ohne

Zorn und Streit« (1 Tim 2,8). Das gelingt allerdings nur, wenn unser Bewußtsein nicht verschattet ist und unsere Handlungen, dem naturgemäß Guten entsprechend, lebensunterstützend sind, so daß Gottes liebende Gegenwart in allem transparent wird.

4. Von der Beweglichkeit der Seele, die mit einer Flaumfeder verglichen wird

Man kann unsere Seele mit feinem Flaum oder einem leichten Federchen vergleichen. Sofern es nicht von außen durch Feuchtigkeit verklebt oder von Nässe beschwert ist, steigt es beim geringsten Lufthauch durch die ihm eigene Leichtigkeit und Beweglichkeit des Wesens in größere Höhen auf. Wenn es dagegen, von Wasser benetzt, seine Leichtigkeit verloren hat, wird es nicht mehr, wie es ihm von Natur aus eigen wäre, von der Luft nach oben getragen, sondern vielmehr durch das Gewicht zur tiefen Erde herabgedrückt.
So ist es auch mit unserer Seele. Wenn sie nicht belastet oder beschwert ist durch materielle Verstrickungen oder triebhaftes Verhalten, wird sie aufgrund ihrer Wesensreinheit durch den leichtesten Meditationsimpuls emporgezogen. Von aller Erdenschwere befreit, öffnen sich die Grenzen zu einer anderen Dimension der Wirklichkeit.

✧ *Ist es nicht gefährlich, »von aller Erdenschwere befreit zu werden und eine andere Dimension zu erreichen«?*
Es ist bekannt, daß viele Menschen durch Meditation den Bezug zur Realität verloren und nicht wiedergefunden haben.

Es ist heilsam, aus der Begrenztheit des »eigenen Hauses«, d.h. von den Pflichten, Sorgen, Gewohnheiten wie auch dem Glücklichsein durch kreative Pausen Abstand zu nehmen, indem wir Distanz und damit Überblick

gewinnen, um erfrischt mit neuen Ideen und neuem Schwung zurückzukehren.
Durch das Ruhegebet ver-lassen wir uns nicht auf ein grenzenloses Nichts, sondern es ist ein Sich-ver-lassen auf Jesus Christus.
Aus dieser Hingabe schöpfen wir neue Energie, Mut und auch die Freude, unseren Lebensauftrag neu durch Ihn und mit Ihm und in Ihm zu erfüllen.
Dieses Gebet der Hingabe muß langsam eingeübt werden und dem Lebensrhythmus angemessen sein. Im Hinblick auf die vielfältigen Aufgaben und Aktivitäten wird dringend empfohlen, nicht länger als 20 Minuten jeweils morgens und abends zu meditieren. Wenn jemand willkürlich und nach Gutdünken meditiert, läuft er aufgrund der Intensität dieses Gebetes größte Gefahr, desinteressiert zu sein und nicht mehr »nach Hause« zurückzufinden. Um diese Gefährdung von vornherein auszuschließen, bedarf der Anfänger eines persönlichen Begleiters. ✧

Darum mahnt uns der Herr: »Seht zu, daß eure Herzen nicht durch Rausch, Trunkenheit und irdische Sorgen belastet werden« (Lk 21,34).
Um die Entgrenzung zwischen den beiden Wirklichkeiten erfahren zu dürfen, muß dieser Reinigungsprozeß stattfinden, der uns von allen Hindernissen befreit. Nur dann kann unsere Seele ihre natürliche Schwerelosigkeit zurückgewinnen, und unser Gebet wird, wie von selbst, zu Gott emporsteigen.

5. Hindernisse auf dem Weg

Ehebruch, sexuelle Ausschweifungen, Mord, Gotteslästerung oder Raub: Handlungen, die als verdammenswert gelten – nicht durch diese wird nach den Worten des Herrn die Seele am Boden festgehalten, sondern durch Rausch, Trunkenheit und weltverstrickende Sorgen.

Sehr viele Menschen verlieren sich hierin und wissen nicht um die überaus verheerenden Folgen; manche meinen noch, ihr diesbezügliches Tun sei unschädlich oder sogar eine Stärke. Gerät man durch eigene Schuld in eine dieser Abhängigkeiten, belasten sie die Seele gravierend, nehmen ihr die Kraft zum Aufschwung, drücken sie zu Boden und trennen sie somit von Gott.
Durch die Praxis des Ruhegebetes wird jedoch ihre Vermeidung leicht, indem der Anlaß geringer wird, in übergroße Sorgen um rein Materielles, in Trunkenheit und Rausch hineinzugeraten.
Es gibt aber auch eine andere Art von Rausch; es gibt ein geistiges Betrunkensein, das schwerer zu meiden ist, und es gibt bestimmte weltverstrickende Sorgen, die uns häufig überfallen, selbst wenn wir immer wieder das Loslassen und die Hingabe üben.
Davon sagt der Prophet: »Wachet auf, die ihr nicht vom Wein trunken seid« (Joel 1,5).
Man kann auch durch Leidenschaften, Bitterkeit und Gier in Rausch geraten. Wenn wir nicht von all dem frei und ernüchtert sind, kann das Herz auf gefährliche Weise dumpf und betrunken sein – auch ohne übermäßiges Essen und berauschende Getränke.
Auch diejenigen, die bereits diesen geistigen Schulungsweg gehen, können aufgrund von Macht- und Besitzstreben in weltverstrickende Sorgen geraten. Eine alte Regel besagt, daß zu hoch gesteckte materielle Ziele, die nur durch ein übermäßiges, nahezu krankhaftes Engagement erreicht werden können, neue Unruhe schaffen und wiederum in noch größere Abhängigkeiten führen.
Beispiel:
Wenn wir aus Profilsucht und reinem Geltungsdrang uns übermäßig für einen aufwendigen Lebensstil abrackern, leisten wir der Kraft Vorschub, die die echten Werte zerstört und somit die geistige Entwicklung blockiert.

6. Von der Gefahr ruheloser Arbeit

Es sind die unheilvollen Gegenkräfte, die den Grundstein legen für eine in dieser Weise gestörte Persönlichkeit.
Konkret:
Ein erfahrener und weitblickender Mitarbeiter beobachtete längere Zeit einen Kollegen und stellte bei ihm eine innere Zerrissenheit fest. Überstunden und Überstunden – Schwarzarbeit wo es nur möglich war – Katzbuckeln den Vorgesetzten gegenüber: um seinen Besitz zu vergrößern, sich mehr leisten zu können als andere und um nach außen beruflich mehr zu gelten.
Ganz deutlich sah der Beobachter aus der Distanz heraus den Schatten einer Fremdmacht, die von seinem Kollegen so stark Besitz ergriffen hatte, daß dieser nicht mehr spürte, wie total er manipuliert wurde. Jedes scheinbare Erfolgserlebnis motivierte ihn zu einer neuen Überaktivität. Sogar der Sehende staunte, mit welcher Reizkraft diese trügerische Macht am Werk war. Selbst in Phasen großer Erschöpfung ließ sie den von blinder Arbeitswut Getriebenen nicht zur Ruhe kommen, so daß er nicht einmal die Gelegenheit hatte, über sein Verhalten und seine Motive nachzudenken. Somit war es ihm zwangsläufig unmöglich, das Beschämende dieser Lebensweise zu erkennen.
Der andere konnte diese zerstörende Fremdbestimmung nicht länger mit ansehen und fragte schließlich: »Warum das alles?« Die Antwort: »Wir können in dieser Gesellschaft nur Erfolg haben, wenn wir bis zum Äußersten gehen.«
»Du sagst mit recht ›*wir*‹, denn Du bist nicht allein.
›*Wir*‹ – das heißt, ein anderer, den Du nicht siehst, arbeitet mit Dir zusammen. Er will Dir aber nicht helfen, sondern Dich zerstören.«
Um zu beweisen, daß Geltungssucht und Machtstreben vom Ursprung her keine menschlichen Eigenschaften sind, genügt es nicht, entsprechende Verhaltensweisen zu meiden; es genügt ebenfalls

nicht, sich zu enthalten, um nicht von anderen kritisiert oder gar verachtet zu werden. Das bedeutet letztlich noch kein Freisein.

✧ *Ich bin doch gezwungen – insbesondere wenn ich Verantwortung für andere trage – in dieser vom Wettbewerbsgedanken geprägten Gesellschaft darauf hinzuarbeiten, mehr und bessere Leistungen zu vollbringen als andere.*
Steige ich aus diesem Wettbewerb aus – bin ich dann nicht zum Scheitern verurteilt?

Das Leben an sich zielt auf ständiges Wachstum, was nicht mit Zwang verwechselt werden darf – und damit gleichzeitig auf größere Verantwortung. Ein gesunder Wettbewerb ist natürlich und notwendig.
Im Ruhegebet »steige ich kurzfristig aus«, um nachher mit neuer Energie und neuem Elan wieder in meine Verantwortung und den Wettbewerb kreativer einsteigen zu können. Der Fremde in diesem Beispiel bei Johannes Cassian symbolisiert das ungesunde Wachstum, d.h. das Zwanghafte in einem übersteigerten Wettbewerb um Überfluß und rein materielle Vorteile. ✧

Erforderlich ist, daß diese Bedürfnisse im tiefen Inneren eliminiert werden.
Der Meditationsweg verhilft zu dem notwendigen Reinigungsvorgang, so daß das der Natur des menschlichen Geistes Uneigene abgebaut wird und das zur Verfügung stehende Potential sich lebensrichtig entfalten kann.
Tatsächlich beschweren oft kleine und scheinbar unwichtige Dinge, die von den meisten gleichgültig hingenommen werden, in ihrer hemmenden Eigenart die ganzheitliche Entwicklung des Menschen: nicht weniger als jene größeren, die zu gefährlichen Abhängigkeiten führen. Sie lassen dann die auf das Höchste gerichtete Spannkraft der Seele erschlaffen.
Wenn dagegen das Nervensystem von allen Stressen und Verspannungen gereinigt und der Geist in der ihm eigenen tiefen Ruhe gegründet ist, so daß all sein Sinnen und Trachten auf Gott ausgerichtet ist,

erfüllt sich das Wort des Apostels: »Betet ohne Unterlaß« (1 Thess 5,17) und »Überall erhebt reine Hände ohne Zorn und Streit« (1 Tim 2,8). Wenn Geist und Seele einen intensiven Reinigungsprozeß durchgemacht haben, wenn sie von oberflächlichem irdischen Verlangen befreit und in die geistige Dimension übergegangen sind, wird ausnahmslos alles, was Geist und Seele in sich aufnehmen, erwägen und veranlassen, zum reinen, aufrichtigen Gebet.

✧ *In unserem Leben müssen wir immer wieder – oft gezwungenermaßen – anderen wehtun und unsere eigenen Vorteile wahren.*
Ist es somit überhaupt möglich, irgendwann den Zustand des beständigen Gebetes zu erreichen?
Es ist möglich, selbst wenn wir über lange Zeit in Ausnahmezuständen leben müssen.
Voraussetzung aber ist, daß wir nicht aus freier Entscheidung auf Kosten und zum Leid anderer persönlichen Nutzen ziehen wollen. Manchmal ist es unumgänglich, vorübergehend einem anderen Menschen wehzutun, vor allem, wenn es zu seinem Heil ist und Schlimmeres verhindert werden muß.
Wir sollten das Ruhegebet einfach praktizieren und uns schrittweise der jeweils neuen Situation lebenswahrhaftig stellen. ✧

7. Entstehen gute Gedanken aus freiem Willen?

Wie ist das eigentlich mit den Gedanken? Könnten wir nicht unsere reinen Empfindungen und die hieraus entstehenden geistlichen Gedanken, die wir spontan und leicht empfangen, dauerhaft besitzen? Sobald wir sie in unser Herz aufgenommen haben und uns ihres Inhaltes bewußt geworden sind – vielleicht angeregt durch die Heiligen Schriften, Erinnerungen an Gutes in unserem Leben oder durch Kontemplation – verlassen sie uns fluchtartig, ohne daß wir es überhaupt bemerken.

Neue geistliche Eindrücke werden empfangen, neue Gedanken schleichen sich ein, während die bereits erfaßten entgleiten.
Die Seele scheint also geistliche Eindrücke und Gedanken nicht auf Dauer festhalten zu können. Selbst wenn wir glauben, daß sie ständig in uns bleiben, so können wir sie doch nicht nach Belieben abrufen, denn ein Zu-fall ist entscheidend beteiligt.

✧ *Was hat das Ruhegebet mit dem Entstehen oder Festhalten von Gedanken zu tun?*
Der Meditierende klagt immer wieder darüber, daß er während des Ruhegebetes viele Gedanken hat, wobei doch erklärt wurde, daß durch die zunehmende Ruhe die Gedanken-Intensität abnimmt. Im Ruhegebet werden in tieferen Schichten, die nicht mehr dem direkten Willen zugänglich sind, Eindrücke gelöst, die sich dann in Form verschiedenster Gedanken ausdrücken. Dies ist der bereits beschriebene Reinigungsvorgang.
Eine Hausfrau setzt sich die saubere Wohnung als Ziel; daß sie hierbei den Staub beseitigt, geschieht wie selbstverständlich und automatisch.
Genauso wenig gehe ich während der Meditation bewußt aufsteigenden Gedanken nach.
Damit sich eine tiefere Ruhe einstellt, in der ich offener Gottes Gnadenzuwendung empfangen kann als wenn ich in eigener Gedankenaktivität verstrickt wäre, halte ich in der Meditation keinen Gedanken fest – weder einen guten noch einen schlechten. ✧

Wenn ihr Bleiben schon nicht in unserer Macht steht – wie sollten wir dann ihr Entstehen unserem freien Willen zuschreiben?
Um diese zentral wichtigen Fragen qualifizierter und verständlicher beantworten zu können, muß zunächst mehr über das Ruhegebet und seine Auswirkungen auf Körper, Geist und Seele sowie auf das soziale Umfeld erfahren werden.
»Betet ohne Unterlaß« (1 Thess 5,17) – bevor wir jedoch dieses Wort des Apostels Paulus in die Wirklichkeit umsetzen können, müssen wir zunächst einmal wissen, welche Art Gebet gemeint ist, wie es

gesprochen werden soll und wie es möglich ist, zu einem solch unablässigen Beten zu kommen.

Daß man nicht leicht Zugang zum Ruhegebet erlangt, zeigen die vielen gedanklichen Auseinandersetzungen um das Endziel dieser Meditation: die Entwicklung der Gesamtheit aller seelisch- geistigen Fähigkeiten des Menschen, die Gottoffenheit sowie das Begründetsein in Gott.

8. *Verschiedene Arten des Betens*

Es scheint unmöglich, sämtliche Arten des Betens ohne reines Bewußtsein, Klarheit des Herzens und besondere Erleuchtung des Heiligen Geistes wirklich zu verstehen, denn es gibt ebenso viele unterschiedliche Gebetsarten wie Seelenstimmungen und Seelenverfassungen.

Wenn wir auch wissen, daß wir in unserem noch unvollkommenen Zustand keinen Einblick in alle Gebetsarten haben können, so wollen wir doch versuchen, uns ihnen so weit wie möglich zu nähern.

Das Gebet wandelt sich unaufhörlich; entsprechend dem Grad der Reinheit, den die Seele erreicht hat, wie auch nach der Gestimmtheit, mag diese sich spontan einstellen oder durch äußere Einflüsse hervorgerufen sein. Deshalb kann niemand immer in gleichwertigen Gebeten bleiben.

✧ *Wenn es so viel Gebete wie Seelenstimmungen gibt und niemand immer in gleichwertigen Gebeten bleiben kann – wie habe ich das Ruhegebet einzuordnen?*

Das Ruhegebet ist – wie Johannes Cassian in der später folgenden Anleitung beschreibt – ein ganz einfaches und derart umfassendes Gebet, welches alle jeweiligen Gefühle, Stimmungen, Wünsche und Anliegen vor Gott trägt, ohne daß es den Betenden lange in der individuellen Begrenztheit seiner Anliegen festhält. ✧

- Anders betet der heiter Gestimmte als der von Traurigkeit oder Verzweiflung Beschwerte.
- Anders ist das Gebet aus dem Hochgefühl geistlichen Fortschritts als aus der drückenden Schwere persönlicher Auseinandersetzungen.
- Anders betet, wer Vergebung erhofft, als jener, der eine Gnade erbittet oder das Auslöschen einer quälenden Eigenschaft erfleht.
- Wer Angst vor der Zukunft hat, betet anders als jemand, der sich erstrebenswerte Ziele setzt.
- Ein Gebet aus Not und Gefahr ist von ganz anderer Art, als wenn man sich in Sicherheit und Ruhe befindet.
- Und anders betet, wem sich tiefere Zusammenhänge offenbaren als jener, der in der Oberflächlichkeit verhaftet und ohne Mitgefühl ist.
- Wer ein gesundes Selbstbewußtsein entwickeln konnte, betet anders als der, der an sich zweifelt.

9. Vier Gebetskategorien

Die jeweilige Beschaffenheit eines Gebetes richtet sich nach den unterschiedlichen seelischen Verfassungen, von denen wir einige erwähnt haben. Es wird und kann an dieser Stelle nicht umfassend auf die elementare Bedeutung der Meditation eingegangen werden, denn unser Herz ist noch schwer und das Bewußtsein begrenzt.

Die Gebetsarten sind so vielfältig, daß wir uns – wie der Apostel Paulus – auf vier Grundkategorien beschränken wollen.

»Vor allem fordere ich zu Bitten und Gebeten, zu Fürbitte und Danksagung auf« (1 Tim 2,1).

Sicherlich nicht grundlos hat Paulus diese Differenzierung vorgenommen. Was versteht er unter »Bitten«, »Gebeten«, »Fürbitten« und »Danksagung«?

✧ *Wenn Cassian das Ruhegebet als einfaches und umfassendes Gebet anbietet, warum differenziert er vorher und teilt nach Paulus in 4 Kategorien ein?*
Es ist schwer, Menschen davon zu überzeugen, daß etwas ganz Einfaches wertvoll, leicht zu verstehen und anzuwenden ist. Dagegen ist es leichter, sie auf tiefer durchdachten und logisch nachvollziehbaren sowie differenzierten Anwegen zu dem *Einen* zu führen.
An dieser Stelle offenbart sich in großer Deutlichkeit die umfassende Menschenkenntnis Johannes Cassians, der die grenzenlose Sehnsucht mit einer Psychologie zu verbinden wußte, welche die konkreten Realitäten genau ins Auge faßt. ✧

Kann man diese vier Arten des Betens in einem Gebet vereinen? *Oder:* Sollen diese Gebete einzeln dargebracht werden? *Oder:* Sind es vier verschiedene Stufen, die der Meditierende, entsprechend seinem jeweiligen Entwicklungszustand, nacheinander zu nehmen hat?

10. Die Reihenfolge

Bevor wir hierauf eine eindeutige Antwort geben, müssen zunächst einmal die Unterschiede zwischen Bitten und Gebet, Fürbitten und Danksagung klar werden.
Diese so von Paulus geordnete Reihenfolge kann als durch Gottes Geist inspiriertes Apostelwort nicht bedeutungslos sein.

11. »Bitten« …

… sind inständiges und sehnsüchtiges Verlangen nach Befreiung von seelischer Last, verursacht durch entwicklungshemmendes Fehlverhalten.

✧ *Wenn die Reihenfolge nicht wahllos ist, warum steht an 1. Stelle das Bittgebet? Zeugt es nicht von einem gewissen Egoismus, wenn man zunächst einmal frei sein möchte von seinen eigenen Lasten? Sollte das zentral wichtige Gebet nicht das sein, in welchem wir für den anderen beten?*
Zunächst den anderen mit seinen Sorgen und Bedrängnissen in den Blick zu nehmen und für ihn zu beten, sprengt durchaus den eigenen Egoismus. Mehr kann ich jedoch für ihn tun, intensiver, ausdauernder und leichter, wenn ich zunächst einmal im ganz persönlichen Gebet eine direkte Du-Beziehung zu Gott hergestellt habe und ihn um Befreiung von meinen eigenen Schwierigkeiten bitte.✧

12. »Gebete« …

… sind Gebete der Hingabe, durch die wir letztlich uns selbst Gott darbringen. Wer bereit ist, von Abhängigkeiten loszulassen, kann diese Stufe des Gebetsweges erlangen.

Im Gebet
- übereignen wir uns mit ganzem Herzen dem Herrn und »ver-lassen« uns auf ihn,
- legen wir alle Relationen dieser Welt ab, indem wir nicht mehr in ihr aktiv sind,
- erfahren wir die Armut des Geistes, wenn wir weder an materiellen Gütern noch an Anerkennung festhalten,

- lassen wir sexuelles Verlangen zurück,
- werden wir frei von Ungeduld,
- geben wir alle Stimmungen ab wie Traurigkeit, Freude, Gereiztheit, Langeweile, Heiterkeit.

Wenn wir das Hingabe-Gebet nicht ausführen oder aus Trägheit nachlässig handhaben, können wir die nächste Stufe der Meditation nicht erreichen. Haben wir erst einmal von der Bedeutung und den weitreichenden Auswirkungen dieses Betens für uns selbst und andere erfahren, wird es keines äußeren Einflusses mehr bedürfen, diesen Weg weiterzugehen.

13. »Fürbitten« …

… entströmen dem nun übervollen Herzen. Wir nehmen ganz von selbst alle, die wir liebhaben und die uns nahestehen, mit in das Gebet. Die Kraft geht über in den Frieden für die ganze Welt – für Arm und Reich (1 Tim 2,1).

14. »Danksagungen« …

… beschränken sich nicht auf aussprechliche situationsbedingte Zuwendungen Gottes. Es geht hier um eine unaussprechliche Herzensbeziehung, in der sich der Meditierende des Erbarmens und der Liebe Gottes umfassend bewußt wird: Vergangenheit, Gegenwart und Zukunft fließen ineinander. Er darf sogar Zukünftiges schauen, »was Gott denen bereitet hat, die ihn lieben« (1 Kor 2,9).

✧ *Die Schritte bis zu den Fürbitten konnte ich nachvollziehen. Bei den Danksagungen und dem damit verbundenen Zustand komme ich selbst gedanklich nicht mehr mit!*

Und gerade die Gedankenebene ist es, die durch das Ruhegebet immer wieder überschritten wird und zu einer Entgrenzung auf Gott hin führt. Der angesprochene Zustand ist ein Zwischenziel, das von denen beschrieben wird, die diese Erfahrung gemacht haben. Nur durch lohnende und bestätigende Zwischenziele ist man motiviert, trotz oftmals verständlicher Zweifel den Weg weiter zu gehen. ✧

Auf dieser Stufe ist das Herz so erfüllt, daß der Gebetsstrom nicht enden will. Wir nehmen in reinem Bewußtsein wahr, welches Geschenk denen zuteil wird, die sich auf dem Heilsweg befinden.
Diese Erfahrung von Entgrenzung be-geistert den Meditierenden, Gott in unendlicher Freude zu danken; was jedoch nicht mehr in konkreten Worten, Gedanken oder Gefühlen geschieht, sondern in einem geistigen und geistlichen Zustand, der über die bisherige Dimension hinausgeht.

15. In welcher geistigen und seelischen Verfassung stellen sich diese Gebete ein?

Kann man diese vier Arten des Betens in einem Gebet vereinen?
Oder:
Sollen diese Gebete einzeln dargebracht werden?
Oder:
Sind es vier verschiedene Stufen, die der Meditierende entsprechend seinem jeweiligen Entwicklungszustand nacheinander zu nehmen hat?

Die vier Arten des Betens – das Beten um Befreiung, das Hingabe-Gebet, die Fürbitten und Danksagungen – sind Quellen einer intensiven Verbindung mit der göttlichen Welt und führen zu weitaus tieferen und beseelteren Gebeten, die jenseits aller Vorstellungskraft liegen. Für jeden Menschen erweisen sie sich als nützlich und notwendig – entsprechend der individuellen Lebenssituation und seiner seelischen Verfassung.

- Die erste Art zu Beten scheint mehr den Menschen angemessen zu sein, die sich am Beginn des Gebetsweges befinden, da sie noch mit der Konsequenz ihres falschen Tuns und der Erinnerung daran beschäftigt sind.
- Die zweite Art stellt sich nach einer gewissen Zeit der Gebetspraxis ein, wenn der Geist sich mehr und mehr aus Verhaftungen befreit hat, die seine Hingabefähigkeit begrenzen.
- Die dritte Gebetsart setzt den höchstmöglichen Grad der Hingabe voraus. Aufgrund eines gewachsenen Verständnisses für Sorgen, Nöte und Probleme anderer und tiefer, umfassender Liebe wird der andere mit in den Strom des meditativen Gebetes hineingenommen.
- Die vierte Art zu Beten schenkt sich denen, deren Seele ganz frei ist von quälenden und entwicklungshemmenden Bindungen – den Menschen, die reinen Herzens sind.

Dem Meditierenden offenbaren sich, zeitlich entgrenzt, in Vergangenheit, Gegenwart und Zukunft die Gnadengeschenke wie auch die Barmherzigkeit Gottes. In großer Ruhe, ohne Gedanken, ohne Worte.
Aber auch der, der die vierte Stufe noch nicht erreicht hat, kann in der Meditation Entgrenzung erfahren. Selbst am Beginn des Gebetsweges, an dem noch der ganze Prozeß des Ausgleichs vor uns liegt, und wir noch zeitweise deprimiert sind – selbst da können wir zwi-

schenzeitlich mit nicht geringer Freude des Geistes und Lebensenergie, die aus dem Ruhegebet erwächst, erfüllt werden.
In diesen zutiefst beglückenden Momenten unterscheidet sich die Erfahrung nicht von der Erfahrung desjenigen, der in reinem Bewußtsein fortwährend in der Fülle der göttlichen Liebe steht. Es wächst in ihm die Liebe, wenn er erkennt, daß ihm mehr vergeben wurde (Lk 7,47).

✧ *Wenn wir bereits zu Beginn des Gebetsweges eine Entgrenzung auf Gott hin erfahren können – warum haben wir dann überhaupt diese 4 Stufen zu durchschreiten?*

Gottes Geist weht, wo er will. Gott schenkt denen Gnade und Anteil an seiner Liebe, die ER ausersehen hat. Für uns Menschen ist seine Zuwendung nicht berechenbar. Das heißt aber nicht, daß wir untätig auf die Erlösung durch ihn warten sollen. Johannes Cassian lehrt mit dem Ruhegebet, daß auch wir schrittweise auf ihn zugehen dürfen und müssen, um sein Entgegenkommen zu erfahren. ✧

16. Gebetserfahrung von Stufe zu Stufe

Das eigentliche Streben des Menschen ist auf immer höherwertigere Ziele ausgerichtet. So wachsen wir auf dem Weg, der mit innerer Konsequenz aufwärts führt, als Meditierende ganz von selbst auch in die höheren Formen des Betens hinein. Das Gebet fördert ein fortschreitendes und qualitativ besser werdendes Leben.
Um es einfacher auszudrücken:
Durch den Abbau von Blockaden und wachsendes Gutsein können wir zunehmend göttliche Liebesenergie erfahren. Um aber auf Dauer diese Gnade empfangen zu dürfen, ist es erforderlich, diese Gebetsformen von Stufe zu Stufe zu durchschreiten.

17. Ging auch Jesus einen solchen Gebetsweg?

Diese vier Gebetsarten fanden im Leben Jesu und durch seine Lehre Bestätigung (Apg 1,1).

Beten um Befreiung:
»Vater, wenn es möglich ist, dann gehe dieser Kelch an mir vorüber« (Mt 26,39).
»Gott, mein Gott, schau her auf mich, warum hast du mich verlassen?« (Ps 22,2).

Hingabe-Gebete:
»Ich habe dich verherrlicht auf dieser Erde, ich habe das Werk vollendet, das du mir aufgetragen hast« (Joh 17,4).
»Für sie heilige ich mich, damit auch sie geheiligt seien in der Wahrheit« (Joh 17,19).

Fürbitt-Gebete:
»Vater, ich will, daß auch jene, die du mir gegeben hast, bei mir seien, damit sie meine Herrlichkeit sehen, die du mir verliehen hast« (Joh 17,24).
»Vater, verzeih' ihnen, denn sie wissen nicht, was sie tun« (Lk 23,34).

Dank-Gebete:
»Ich preise dich, Vater, Herr des Himmels und der Erde, daß du das vor Weisen und Klugen verborgen und es den Kleinen geoffenbart hast. Ja, Vater, so war es dir wohlgefällig« (Mt 11,25).
»Vater, ich danke dir, daß du mich erhört hast. Ich wußte, daß du mich immer erhörst« (Joh 11,41-42).

✧ *Welche Verbindungen gibt es zwischen dem Beten Jesu und der von Johannes Cassian gelehrten Meditation?*

Im Neuen Testament kommt das Wort »meditari« nur zweimal vor. Die Apostel wollten sich von der Frömmigkeitshaltung der Pharisäer und Sadduzäer distanzieren, die ihr veräußerlichtes Beten und das dauernde Lippenbekenntnis des Gesetzes Gottes »meditari« nannten. Trotzdem war der Sinn des Wortes »Meditieren« für die jungen Christengemeinden nicht fremd.

Wenn Sie nun nach einer Verbindung zwischen dem Beten Jesu und dem cassianischen Ruhegebet fragen, dürfen wir als erstes die Abgeschiedenheit nennen, in die sich Jesus immer neu zum Beten zurückzog. Er weiß, daß er als Mensch ein begrenztes Wesen besitzt; er weiß, daß er immer wieder mit seinem Vater allein sein muß, um in der Kraft des Heiligen Geistes zu bleiben. Nicht alle Erwartungen können erfüllt werden; viele müssen dem Einen Notwendigen weichen. Dieses Alleinsein im Gebet ist auch für uns wichtig und nötig.

Viel wissen wir über das Beten Jesu nicht, denn über seine einsamen und nächtlichen Gebete hat Jesus nicht gesprochen. Zweimal durften Petrus, Jakobus und Johannes dabei sein, während er betete: auf dem Berg Tabor und dem Ölberg.

Das Geschehen auf dem Tabor ist keine einsame Begegnung mit dem Vater, sondern wird zu einer Kommunikation.

Wenn Jesus in Jerusalem war, ging er zum Ölberg, um zu beten. Dieses zurückgezogene Beten am Ölberg geschieht mit einer solchen Regelmäßigkeit, daß Judas hierauf seinen verräterischen Plan aufbauen konnte. Jesus wiederholte seine Gebetsworte dreimal: »Mein Vater, wenn es möglich ist, gehe dieser Kelch an mir vorüber, aber nicht mein, sondern dein Wille geschehe.

Die Meditation Cassians weist in die gleiche Richtung wie das Beten Jesu.

Verbindungen oder Gemeinsamkeiten sind:

- die Notwendigkeit des Betens,
- die Abgeschiedenheit beim Beten,
- die Regelmäßigkeit hinsichtlich des Ortes und der Zeit,
- die Wiederholung eines Gebetswortes,
- die Anrufung Gottes, daß sein Wille geschehen möge,

– die Hingabe des eigenen Willens,
– in das Beten hinein schenkt sich eine Kommunikation,
– das begrenzte Menschenwesen wird in einer Entgrenzung auf Gott hin überschritten.✧

Obgleich der Herr aber diese vier Formen des Betens einzeln und zu je eigener Zeit unterschieden hat, so lehrte er darüber hinaus auch durch sein Beispiel, daß sie im vollkommenen Gebet zusammengefaßt werden können.
Das hohepriesterliche Gebet Jesu aus dem Bewußtsein der Einheit am Ende des Johannes-Evangeliums (Joh 17) zeigt eine weitere, eine fünfte Gebetsstufe an.
Beim Lesen und Mitbeten dieses Kapitels wird dem Meditierenden ein Einblick in diesen Zustand der Einheit gewährt. Paulus bestätigt diese fünfte Stufe als Summe der vorangegangenen vier in seinem Brief an die Philipper, in dem er zur Einigkeit und zur Freude im Herrn aufruft: »Sorgt euch um nichts, sondern bringt in jeder Lage betend und flehend eure Bitten mit Dank vor Gott!« (Phil 4,6).

18. Das Gebet des Herrn

Diesen vier ersten Stufen des Gebetes folgt also ein noch viel erhabenerer Zustand, der im Schauen Gottes und im Feuer der Liebe Gestalt annimmt. In diesem Gottesbewußtsein ist der Geist ganz in die Liebe Gottes versunken. Und die Seele öffnet sich vollkommen der Liebe Gottes, wenn sie sich von ihm geliebt weiß und ihn liebend erfährt. Sie spricht mit ihm so vertraut wie ein Kind mit dem eigenen Vater, den es über alles liebt.
Diesen Zustand zu suchen, lehrt die Anrede im Gebet des Herrn: »Vater unser« (Mt 6,9). Wenn wir so den Schöpfer des Himmels und

der Erde als unseren Vater preisen, erkennen wir zugleich, daß wir aus der Anonymität zu Söhnen und Töchtern erhoben wurden.
Dann fügen wir hinzu: »der du bist im Himmel.«
Das gegenwärtige Leben, unsere Zeit auf Erden, wird eher als von Gott entfernt erfahren; wir scheinen wie Fremde getrennt von unserem Vater zu leben. Die dem Menschen innewohnende Sehnsucht aber läßt uns jenes Land in uns suchen, in dem unser Vater wohnt. Auf diesem Weg sollten wir unsere eigentliche Bestimmung, das Berufensein zu höheren Entwicklungsstufen, nicht aus den Augen und dem Herzen verlieren.
Aufgrund unserer besonderen Stellung in der Rangordnung der Schöpfung pulsiert in uns jene natürliche Liebe zu Gott wie sie ein Kind hat zu seinen Eltern. Auf dieser Stufe der Entwicklung wird es selbstverständlich, daß nicht mehr der eigene Nutzen im Vordergrund steht, sondern jede menschliche Aktivität auf Gott ausgerichtet ist. Deshalb sprechen wir zu ihm: »Geheiligt werde dein Name« – wodurch wir unser Erkennen zum Ausdruck bringen, daß alle Freude am Sein gottgewollt und unsere letzte Sehnsucht auf ihn gerichtet ist. Beides gereicht Gott zur Ehre.

✧ *Es verwirrt mich, hier plötzlich eine so reichhaltige Auslegung des Vater unser zu finden.*
Was hat das Ruhegebet mit dem Vater unser zu tun?

Johannes Cassian bezieht das Vater unser auf die verschiedenen Gebetsverfassungen, die der Betende während seines Lebens erfährt. Das Ruhegebet, welches Cassian in diesem Zusammenhang nicht direkt anspricht, bereitet den jeweiligen Grund der Gebetsverfassung, von dem aus das Vater unser lebenswahrhaftig gebetet werden kann.
Das Ruhegebet darf also als Vorbereitung gesehen werden, damit das, was wir mit Worten im Vater unser ausdrücken, bereits vorher in tieferen Schichten unserer Seele grundgelegt ist. So läuft der Betende nicht Gefahr – wenn er aus der Gott-Offenheit und der Ruhe der Meditation kommt – das Gebet des Herrn, dieses »vollkommene Gebet«, das Jesus selbst uns lehrte,

nur mit den Lippen zu beten. Nach einer solchen Bereitung durch die Meditation wird das Beten des Vater unser aufrichtig sein und spüren lassen, wo ich auf meinem Weg zu Gott wirklich stehe. Einige Worte werde ich ehrlicherweise auslassen müssen – bei anderen werde ich aber eine tiefe Freude und Erfüllung erfahren; Herz und Geist schwingen mit. ✧

»Wer aus sich selbst redet, sucht die eigene Ehre; wer aber die Ehre dessen sucht, der ihn gesandt hat, der ist wahrhaftig, und Ungerechtigkeit ist nicht in ihm« (Joh 7,18).
Doch kann das Wort: »Geheiligt werde dein Name« auch so verstanden werden, daß die Heiligung Gottes unsere Vollendung ist.
Wenn wir also beten: »Geheiligt werde dein Name«, sagen wir mit anderen Worten: »Vater, hilf uns auf unserem Weg, daß wir zu erfassen und begreifen vermögen, wie groß über jede Begrenzung hinaus deine Herrlichkeit ist.« Und: »Mögest du in unserem Fühlen, Denken und Handeln spürbar werden.«
Dies wird sich erfüllen, wenn andere durch uns auf Gottes Liebesenergie aufmerksam werden und unseren »Vater preisen, der im Himmel ist« (Mt 5,16).

19. »Dein Reich komme«

In der zweiten Bitte gibt der Beter seiner Sehnsucht Ausdruck, das Reich des Vaters möge sich in seinem Herzen entfalten.
Das Reich Gottes ist jener Bereich im Menschen, in dem Christus schon hier und jetzt Gestalt annimmt, wenn unsere Seele von Einflüssen der Fremdmacht befreit ist und diese unsere Entscheidungen nicht mehr mitbestimmt.
Das so gereinigte Bewußtsein nimmt dann ganz von selbst das »Reich Gottes« in sich auf.

Das heißt konkret:
- wenn nicht mehr falsch gesteuerte sexuelle Begierden uns bestimmen, sondern eine aus reinem Herzen strömende Liebe zum anderen,
- wenn jegliche Verbissenheit und verletzende Aggressivität einer durch Verständnis getragenen Ruhe gewichen sind,
- wenn Überheblichkeit abgebaut ist und die Lebensimpulse aus einer gesunden Mitte strömen.

In dieser Bitte ist aber auch jenes Reich angesprochen, das allen, die auf die Vervollkommnung hin leben, und überhaupt allen versprochen ist. Christus spricht: »Kommt ihr Gesegneten meines Vaters, nehmt das Reich in Besitz, das euch bereitet ist von Grundlegung der Welt her« (Mt 25,34).

Der Meditierende weiß ansatzweise bereits aus eigener Erfahrung, daß er an diesem Reich voll teilhaben kann.

Das Wort »Dein Reich komme« kann aber auch bei Menschen, die noch tief in ihrem »eigenen Reich« verhaftet sind, Zweifel und Ängste auslösen.

✧ *Für mich ist nicht begreifbar, wieso das Wort »Dein Reich komme« bei irgend jemand statt freudiger Erwartung sogar Zweifel oder Ängste auslösen kann!*

Wenn ich mir mein »eigenes Reich« aufgebaut und eigene Maßstäbe als »Einlaßbedingungen« gesetzt habe, die nichts zulassen, was außerhalb meiner Willens- und Vorstellungskraft liegt, kann das Wort »Dein Reich komme« verständlicherweise Angst auslösen.

Grundvertrauen in Gott und eine Bereitschaft zum Aufbruch sind Voraussetzungen, dieses Wort auch mit dem Herzen zu sprechen. Das Ruhegebet hilft, die starre Begrenztheit des Willens aufzubrechen und offen zu werden für das Reich Gottes. ✧

20. »Dein Wille geschehe wie im Himmel so auf Erden«

Es kann kein größeres Gebet geben als zu wünschen, das Irdische möge dem Himmlischen gleich werden. Drückt diese Bitte »Dein Wille geschehe, wie im Himmel so auf Erden« nicht den Wunsch aus, die begrenzte Seele möge sich ganz dem göttlichen Wesen öffnen? Wie der Wille Gottes in jenen Welten atmet und pulsiert, die uns Menschen noch verborgen sind, sollten auch wir auf dieser Erde in wachsendem Erkennen ausgerichtet sein, Seinen Willen zu tun.

✧ *Bei diesem Satz fühle ich mich etwas wie ein willenloses Wesen, das alles so hinnehmen sollte, wie es kommt!*

Mit Ihrem Gefühl haben Sie völlig richtig die Grundhaltung des Betenden erfaßt und auch schon die im 2. Teil beschriebene Anleitung zum Ruhegebet angesprochen. Diese Grundhaltung ist die eines Empfangenden, der sich vertrauend und »willenlos« auf Gott ver-läßt.

In der Verkündigung nimmt Maria in ihrer Antwort diese 3. Vater unser-Bitte vorweg:

»Ich bin die Magd des Herrn; mir geschehe, wie du es gesagt hast.«

Jesus lehrt uns nicht nur diese 3. Vater unser-Bitte, sondern durchlebt und durchleidet sie auch am Ölberg: »Vater, wenn du willst, nimm diesen Kelch von mir! Aber nicht mein, sondern dein Wille geschehe.«

Die Hingabe des eigenen Willens an Gott üben wir in der Meditation ein, damit wir – gestärkt durch seine Gabe – mit neuer Willenskraft unsere Aufgaben wieder angehen können.

Ihre anfänglichen Bedenken, sich in dieser Hingabe zu verlieren, sind verständlich. Aber genau diese Hingabe ist der tiefe Gehalt des cassianischen Ruhegebetes, aus dem wir gestärkt und motiviert für neue Aufgaben herauskommen, um unser Leben ent-scheidend zu leben. ✧

So wird nur der aus der Tiefe des Herzens beten können, der hingebend vertraut, daß Gott alles, mag es äußerlich als Glück oder Unglück erscheinen, für die Entwicklung des Menschen tut, und daß er

um das Heil auch in dieser Zeit aufmerksamer besorgt ist als wir es selbst für uns sein können.
Der Wille Gottes ist das Heil aller: »Er will, daß alle Menschen heil werden und zur Erkenntnis der Wahrheit kommen« (1 Tim 2,4). Von diesem Willen spricht auch der Prophet Jesaja, indem er Gott selbst sagen läßt: »Und all mein Wille soll geschehen« (Jes 46,10).
Dem Plan Gottes entgegenkommend, bitten wir ihn darum, daß alle auf Erden – wie bereits die im Himmel – seiner Erkenntnis entsprechend gerettet werden.

21. *»Unser überwesentliches, tägliches Brot gib uns heute«*

»Überwesentlich« (Mt 6,11) bedeutet, das Brot ist von solch erhabenem Wesen, es steht über aller Wesenheit und übertrifft an Größe und Kraft alles Geschaffene, alle Geschöpfe. Durch die Bezeichnung »tägliches« (Lk 11,3) Brot möchte der Evangelist deutlich machen, daß wir keinen Tag ohne dieses Brot zu geistlichem Leben fähig sind. Mit »heute« bringt er also zum Ausdruck, daß es jeden Tag empfangen werden sollte.
Diese tägliche Notwendigkeit verlangt danach, das Brot, das Wort Gottes immer wieder auf's neue in uns aufzunehmen; denn es gibt keinen Tag, an dem es uns nicht vergönnt sein sollte, diese Stärkung des inneren Menschen zu genießen.

✧ *Das »Brot Gottes« täglich auf's neue in uns aufzunehmen – wie sieht das in unserem Alltag aus?*

Cassian spricht hier nicht das tägliche Brot an, das in dieser Vater unser-Bitte auch als leibliche Nahrung mitgemeint ist. Für Cassian ist es die Nahrung für Geist und Seele, die im Empfangen des Leibes und des Blutes Christi besteht und im Hören des Wortes Gottes.

Mit dieser Stärkung durch das überwesentliche Brot ist auch die regelmäßige Meditation gemeint, in der Gott uns mit seinem Wesen und mit seiner Gegenwart berühren kann. ✧

Natürlich kann dieses »heute« auch vom Hier und Jetzt verstanden werden: »Gib uns dieses Brot, so lange wir in dieser Welt weilen – wir wissen aber auch, daß du es uns künftig geben wirst«, denn das in diesem Leben Begonnene wird sich folgerichtig intensiver im kommenden fortsetzen.

22. »Und vergib' uns unsere Schuld, wie auch wir vergeben unseren Schuldigern«

Gott schenkte uns in seiner großen Barmherzigkeit nicht nur eine Gebetsform und läßt uns die jeweils rechte Art von Verhalten erkennen, sondern er bietet dem Meditierenden auch die Gelegenheit und erschließt ihm den Weg, Gott in seiner vergebenden und grenzenlosen Liebe zu erfahren.
Durch das »Vater unser«, das wir nach seinem Willen immer wieder beten sollen, werden die Ursachen von tief verwurzelten Blockaden, Depressionen und Aggressionen in uns aufgelöst. Gott ermöglicht es uns sogar, den künftigen Reinigungsprozeß erheblich zu reduzieren, indem wir ihn durch unser eigenes Verzeihen zur Vergebung unserer Vergehen bitten: »Vergib uns wie auch wir vergeben«.
Im Vertrauen auf dieses Gebet kann jeder Verzeihung erhoffen, wenn er selbst gütig und nachsichtig denen gegenüber ist, die er in seiner Welt als Schuldner empfindet. Es gibt auch Menschen, die sich bei offensichtlichen Vergehen gegen andere »tolerant« und »großherzig« geben; sich jedoch bereits bei geringen Beleidi-

gungen, die gegen sie selbst gerichtet sind, unbarmherzig und unerbittlich zeigen.
Wer einem Mitmenschen, der ihm Schmerz zufügte, nicht von Herzen verzeiht, wird sich durch dieses Gebet nicht weiterentwickeln, sondern eher einen Rückschritt tun. Er fordert dies geradezu durch sein Gebetswort heraus: »Vergib mir so wie auch ich vergebe«. Was folgt da anders, als daß er seinem eigenen Beispiel gemäß Unversöhnlichkeit und Unnachsichtigkeit erfährt?
Wollen wir aber letztlich auch von Gott versöhnlich und nachsichtig behandelt werden, müssen wir denen gegenüber versöhnlich und nachsichtig sein, die auch uns gegenüber Unrecht taten. Aus Unvermögen oder um nicht unehrlich zu sein, übergehen manche diese Stelle schweigend, da sie sich durch dieses Bekenntnis nicht belasten möchten. Sie sehen ein, daß vor Gott eine solche Täuschung keinen Bestand hat, denn er läßt die Bittenden sehr schnell eine tiefere Wahrheit erfahren.
Es besteht eine große Chance, von Gott so behandelt zu werden, wie wir es möchten, wenn wir bereit sind, allen zu vergeben, die uns etwas angetan haben. Dem wird Erbarmen zuteil, der Erbarmen geübt hat (Jak 2,13).

23. *»Und führe uns nicht in Versuchung«*

Dieses Wort kann sehr leicht falsch verstanden werden. Wenn wir bitten, nicht in Versuchung geführt zu werden, wie können wir dann in unserer Persönlichkeit Standfestigkeit entwickeln?
»Niemand, der nicht versucht wurde, ist bewährt« (Sir 31,10). »Selig der Mann, der die Versuchung aushält« (Jak 1,12).
Die Bitte »Führe uns nicht in Versuchung« bedeutet nicht, Gott möge

uns die Versuchung ersparen, sondern er möge nicht zulassen, daß wir der Versuchung unterliegen.
Versucht wurde zum Beispiel Hiob, aber er widerstand, denn er ließ weder Gott aus seinem Blick, noch ging er mit lästernden Worten gegen ihn auf den Willen des Versuchers ein.
Versucht wurde Abraham, versucht wurde Joseph, jedoch keiner von beiden unterlag der Versuchung; keiner gab dem Versucher seine Zustimmung.
Folgerichtig muß dieses Gebetswort ergänzt werden um: »... sondern erlöse uns von dem Bösen«. Das heißt: »Laß' nicht zu, daß wir über unsere Kraft von zerstörerischen Mächten versucht werden, sondern gib mit der Versuchung auch den Ausweg, damit wir bestehen können« (1 Kor 10,12).

24. Bitten über das Vater unser hinaus?

Gott selbst gab uns diese Gebetsform. Es findet sich darin keine Bitte um Reichtümer, kein Gedanke an gesellschaftlichen Aufstieg, kein Verlangen nach Macht, keine Erwähnung leiblicher Gesundheit oder des zeitlichen Lebens. Er, der die Ewigkeiten gründet, will um nichts Hinfälliges, Wertloses, mit der Zeit Vergehendes angegangen werden. Wer die Bitten um Ewiges unterläßt und statt dessen lieber um nur Hinfälliges und Vergängliches betet, erkennt Gott in seiner Herrlichkeit und Größe nicht an. Sein Gebet wird dann ein wertloses sein und bei Gott nicht ankommen.
Auch Bitten um Zeitliches in dieser Welt können von Gott angenommen werden, wenn sie eine Beziehung zu den ewigen Gütern transparent werden lassen.

25. *Das höhere Gebet*

Obwohl das Vater unser offensichtlich die ganze Fülle der Vollkommenheit in sich enthält, da es ja durch die Autorität des Herrn selbst verbürgt ist, so zieht Gott doch diejenigen, die mit ihm noch vertrauter geworden sind, zu einer weiteren Bewußtseinsstufe empor. Das geschieht durch ein weiter entgrenzendes Gebet, von dem nur wenige etwas wissen und es erfahren. Es ist ein unaussprechliches Gebet auf erhabener Stufe, das alles menschliche Bewußtsein übersteigt. Dieses Gebet artikuliert sich nicht, weder durch den Ton der Stimme noch durch eine Bewegung der Lippen – nicht einmal durch ein gedachtes Wort.

✧ *Mir ist nicht klar, welche Beziehung zwischen dem Ruhegebet, dem Vater unser und dem »höheren Gebet« besteht.*

Das Ruhegebet ist eine ganz einfache Meditation, die den Boden bereitet, um sowohl in tieferen Gebeten mit Gott Gemeinschaft zu erfahren als auch generell Leben besser zu bestehen. Durch diese Meditation erfährt der Meditierende eine Ausweitung seines Bewußtseins sowie wachsende Gebetsverfassungen, aus denen dann die entsprechenden Gebete zu Gott aufsteigen.

Im Vater unser sind es Gebetsverfassungen, die bereits über den vier angesprochenen Gebetskategorien (Bitte, Hingabe, Fürbitte, Dank) stehen. Beim »höheren Gebet« handelt es sich um eine weitere Gebetsverfassung, in der das innerste Wesen des Menschen ganz von der göttlichen Liebeskraft durchdrungen ist. Weder die menschliche Sprache kann diesen weiter entgrenzten Zustand beschreiben noch können die Gedanken ihn erfassen. ✧

Das von der göttlichen Liebeskraft vollends durchdrungene innerste Wesen des Menschen ist durch die beschränkte menschliche Sprache nicht mehr zu beschreiben; wie aus übervoller Quelle strömt das Gebet, alles in sich zusammenfassend, zu Gott. In der Kürze eines Augenblicks bringt dieses Gebet so viel vor Gott wie der Mensch,

wenn sein Bewußtsein wieder die Begrenzungen von Raum und Zeit angenommen hat, nie aussprechen oder mit seinen Gedanken erfassen könnte.
Einen solchen Zustand durchlebte auch Christus, als er, zurückgezogen in die Einsamkeit, auf dem Berge schweigend betete (Lk 5,16; 6,12) wie auch, seinen Tod vor Augen, in völliger Hingabe im Garten von Getsemani (Lk 22,44).

✧ *Was versteht man unter einer Gebetsverfassung?*
Durch den Entwicklungsprozeß des Menschen auf Gott hin erfahren wir eine Bewußtseinserweiterung, die sich jeweils in bestimmten Zuständen ausdrückt.
In seiner praktischen Gebetslehre spricht Johannes Cassian von »Gebetsverfassung« (orationis status), einer Grundhaltung des Menschen vor Gott. Diese mit dem Lebensprozeß in Verbindung stehende seelische Verfaßtheit bestimmt die Qualität des Gebetes; sie ist aber nicht identisch mit den einzelnen Gebeten selbst. Die Gebetsverfassung bezeichnet also eine geistliche Grundverfassung, die beständig und bleibend ist, jedoch gleichzeitig dem inneren Wachstum des Menschen entspricht. ✧

26. Kann man auch durch Lebenssituationen zu einer tieferen geistlichen Dimension des Betens geführt werden?

Trotz größter Erfahrung ist es wohl niemandem möglich, ausreichend die verschiedenen Gründe und Entstehungsursachen zu nennen, durch die ein Mensch zu einem reinen und entgrenzenden Gebet gelangen kann.
Beispiele einiger Lebenssituationen, die zu diesen tieferen Dimensionen des Betens führen können:
– Das Erkennen und Verinnerlichen von Wahrheiten aus den Heiligen Schriften befähigt zu reinem Gebet.

- Eine besondere Musik kann unseren innersten Wesenskern derart berühren, daß er transzendiert.
- Die Ausstrahlung der positiven Lebenskräfte eines Meditierenden kann andere in Tiefenschichten ihres eigenen Bewußtseins führen.
- Auch die Begegnung mit einem hoch entwickelten Menschen oder ein geistliches, zu Herzen gehendes Gespräch läßt den Zustrom göttlicher Kraft spürbar werden und ermöglicht somit eine Hinführung zum entgrenzenden Gebet.
- Viele erleben, daß sie durch den Tod eines geliebten Menschen oder einen harten Schicksalsschlag in eine erfüllendere Dimension ihres Betens geführt werden.
- Wird uns die Grauzone unserer Mittelmäßigkeit durch eine besondere Gelegenheit einmal bewußt, kann dies Anlaß tieferen Betens werden.

Ohne Zweifel schenkt uns Gott unzählige Gelegenheiten, durch die unser begrenztes Bewußtsein heftig in Bewegung gebracht und auf ihn hin entgrenzt werden kann.

✧ *Warum brauche ich überhaupt noch das Ruhegebet, wenn ich auch durch Lebenssituationen in tiefere geistliche Dimensionen geführt werden kann?*

Wir wissen nicht, wann diese Lebenssituationen sich einstellen; somit wissen wir auch nicht, wann sich die lebensbestimmende Chance für uns ergibt, in tiefere und erfüllendere Ebenen des Betens geführt zu werden.
Trifft uns ein Schicksalsschlag oder werden wir mit einer besonderen Situation konfrontiert, kann sogar das Gegenteil mit uns geschehen:
Wir können an Leid zerbrechen; wir können durch besondere Musik in Traurigkeit fallen; wir können Mißgunst oder gar Haß gegen Menschen empfinden, die uns als Persönlichkeit voraus sind …
Die Hoffnung, durch bestimmte Lebenssituationen in tiefere geistliche Dimensionen geführt zu werden, ist also keine wahre Alternative zum Ruhegebet, zur Hinwendung auf Gott aus freiem und unbelastetem Herzen. ✧

27. *Verschiedene Auswirkungen der Meditation*

Worin sich der Erfolg einer Meditation äußert, ist nur schwer mit Worten zu beschreiben. Das sich zunächst einstellende Ergebnis des heilsamen Aufbruchs wird oft empfunden als

- unaussprechliche Freude und Heiterkeit des Geistes. Die überströmende Freude kann sich in befreiendem Lachen ausdrücken oder in einem so vorbehaltlosen Glücklichsein, daß das fröhlich und heiter gestimmte Herz auch andere ansteckt.
- Manchmal zieht sich die Seele ganz still in tiefes, geheimnisvolles Schweigen zurück.
  Das Staunen über die plötzliche Erfahrung macht sprachlos. Das entgrenzte Bewußtsein läßt keine Aktivität zu. Die gesamte Sinneswahrnehmung ist nach innen gerichtet; der Geist bringt seine Sehnsucht unaussprechlich zu Gott (Röm 8,26).
- Der Meditierende kann aber auch ein Übermaß seelischer Schmerzen erfahren. Nicht selten löst sich die Spannung durch spontanes Ausbrechen in Tränen.

✧ *Wieso können derartig verschiedene Reaktionen ausgelöst werden?*
Die immer tiefer werdende Ruhe, die ganz von selbst auf eine Begegnung mit Gott fortschreitet, weckt im Meditierenden unaussprechliche Freude, wenn diesem Strömen nichts im Wege steht. Sind allerdings Blockaden vorhanden durch Unverarbeitetes wie beispielsweise Mißerfolge, Schuld, Enttäuschungen oder auch nicht verarbeitete Eindrücke, findet erst langsam ein Auflösungsprozeß statt. Der Meditierende wird die verschiedensten Rückerlebnisse – Gedanken, Bilder, Gefühle – haben, die in der Qualität und im Gefühlswert Ähnlichkeit haben können mit den Ursachen der Blockaden. Dieser Vorgang der Reinigung ist ein notwendiger wertvoller Schritt auf dem Weg des Menschen zu Gott. ✧

28. Kann Lösen von Spannungen gesteuert werden?

Viele erfahren das Vergießen von Tränen, wenn tiefere Schichten berührt werden. Dies bedeutet nichts anderes als eine besondere Zuwendung Gottes, die sich in einer anschließenden unsagbaren Freude ausdrückt. Die durch und durch positive Belebung stärkt das Vertrauen in die Barmherzigkeit Gottes. Leider liegt es nicht in unserer Macht, diesen erhabenen Zustand nach Belieben zu wiederholen, selbst wenn man mit allen Mitteln erzwingen möchte, Tränen zu weinen, um den Prozeß zu beschleunigen.

✧ *Wieso bedeutet das Weinen eine besondere Zuwendung Gottes?*
In diesen feinen Ebenen des Bewußtseins ist uns ein willentlich gesteuertes Reinigen von Hindernissen nicht möglich. Wir schaffen durch das Ruhegebet eigentlich nur bessere Bedingungen, damit Gott liebend eingreifen kann. Das Weinen – es ist hier wörtlich wie auch symbolisch gemeint – zeigt einen äußerst wertvollen Lösungs- und Reinigungsvorgang an, der von uns aus nicht bewußt herbeigeführt werden kann. ✧

Auch wenn man sich sein Fehlverhalten außerhalb der Meditation vor Augen führt, ist es kaum möglich, bewußt ein befreiendes Weinen auszulösen. Die Augen scheinen – einem harten Kiesel gleich – wie versteinert. Das Vergießen von Tränen als wichtiger Teil des Reinigungsprozesses ist durch den menschlichen Willen nicht zu steuern.

29. Die verschiedenen Ursachen des Weinens

Tränen haben verschiedene Ursachen:

1. Eine unliebsame Belastung unseres Herzens oder ein Fehlverhalten können ein Weinen auslösen.

»Ermattet bin ich vom Seufzen, jede Nacht bedecke ich weinend mein Lager; ich wasche es mit Tränen!« (Ps 6,7) Und in den Klageliedern 2,18: »Laß' rinnen deine Tränen einem Sturzbach gleich bei Tag und bei Nacht; gönne keine Ruhe dir und laß' nicht stillstehen dein Auge.«

✧*Hat das Weinen in der heutigen Zeit eigentlich immer noch diesen hohen Stellenwert?*

Bei Cassian wird, um den Überdruß und die Mittelmäßigkeit zu überwinden, ein Heilmittel erwähnt, das dem heutigen Menschen wahrscheinlich zunächst befremdlich vorkommt.

Es sind die Tränen.

Man kann aus sehr verschiedenen Motiven weinen; und so haben Tränen nicht immer dieselbe Bedeutung. Die Tränen, von denen Cassian spricht, sind auf's engste mit dem Ruhegebet verbunden. Ganz wichtig ist es, zu wissen, daß Beten für die alten Mönchsväter zugleich »Tränen vor Gott vergießen« hieß.

Die wortlosen Tränen sind eine wertvolle Spannungslösung, die zunächst eine Wandlung in uns selbst herbeiführen und gleichzeitig das Eingeständnis der eigenen Erlösungsbedürftigkeit.✧

2. Sehnsucht kann auch eine Ursache des Weinens sein: wenn sich Zusammenhänge offenbaren zwischen unserem menschlichen Schicksal und Gottes großem Erbarmen oder uns Einblicke in die künftige Klarheit gewährt werden. Auch aus dem festen Vertrauen, daß uns letztlich eine unendliche Freude erwartet, können Tränen fließen. Unsere Seele ist auf Gott hin angelegt und dürstet nach ihm, der lebendigen Quelle.

»Wann darf ich endlich kommen und Gottes Antlitz schauen? Tränen waren mein Brot bei Tag und bei Nacht« (Ps 42,4). Dieses Verlangen der Seele nach Heil kommt auch in Psalm 120,5 zum Ausdruck: »Weh' mir, daß ich im Exil leben und so lange in der Fremde weilen muß.«

3. Es sind andere Tränen, die aus Furcht vor widergöttlichen Kräften oder aus Angst vor den letzten Fragen, die Gott uns stellen wird, geweint werden.

»Geh' nicht ins Gericht mit deinem Knecht, denn vor deinem Angesicht wird kein lebender Mensch gerechtfertigt« (Ps 143,2).

4. Auch die Verhärtung und Schuld anderer kann ein Weinen in uns auslösen – wie es beim Herrn der Fall war, als er über Jerusalem weinte (Lk 19,41).

5. Erfahren wir von den Ängsten, der Bedrängnis und dem übergroßen Leid derer, die in guter Absicht handeln, können wir infolge tiefer Traurigkeit über die Ungerechtigkeit in der Welt unseren Schmerz nicht mehr zurückhalten.

6. Weit entfernt von diesen Tränen sind jene, die nicht von selbst aus einer inneren Bewegtheit kommen. Es gibt Situationen, in denen wir eigentlich weinen müßten, in unserer Tiefe aber nicht stark genug berührt sind. Wir empfinden unser Herz hart wie Stein. Bemühen wir uns jedoch mit aller Kraft um echtes Mitgefühl, dann bleibt auch dieses aufrichtige Bemühen nicht ohne Wirkung.

✧ *Nach meinem jetzigen Verständnis hat dieses Weinen nichts mit dem Weinen in der Meditation zu tun.*

Alles, was in der Meditation geschieht, erleben wir selbstverständlich auch im aktiven Leben, allerdings oft auf extreme und manchmal schwerere Weise.

Diese Tränen außerhalb der Meditation, von denen Cassian spricht, sind Ausdruck einer inneren Bewegung, die etwas Wesentliches bei einem selbst oder anderen in Gang setzt.✧

30. Das Weinen des »äußeren« Menschen

Auch die Menschen, die sich noch am Beginn des Gebetsweges befinden, sollten auf diese Art des Weinens keine Kraft verschwenden, denn es wird niemals die gleiche befreiende Wirkung haben wie das ungezwungene Weinen aus innerer Bewegtheit. Wie immer wieder bei der Meditationsbegleitung betont werden muß, verzögert jede Konzentration und jede Willensanstrengung das Fortschreiten des natürlichen Entwicklungsprozesses.
Das höchste Ziel, im Urgrund Liebe auf Dauer verankert zu sein, darf nicht einmal durch den Ansatz eines Zwanges gefährdet werden.

31. Der höhere Gebetszustand

Für Menschen, die sich ganz dem wahren Gebet hingegeben haben, kann während des Betens Freude und Glück irdischen Ursprungs störend und lästig sein. Das Ziel, das vollkommene Gebet, ist dem Betenden noch nicht geschenkt, so lange er sich seiner selbst und seiner Bitte um Erhörung noch bewußt ist.
Diese alte Erkenntnis und Erfahrung mag für viele Menschen, die durch Routine und Zwänge des Alltags begrenzt werden, zunächst unverständlich sein. Doch auch dem noch »unvollkommen« Betenden muß eine Erhörung seiner Gebete nicht verwehrt bleiben.

32. Wann findet Beten Gehör?

Wenn wir mit Zuversicht und ohne zweifelnde Gedanken unsere Bitte um Erhörung in das Gebet nehmen, werden wir bereits während des Betens ein Entgegenkommen spüren: Dann dürfen wir sicher sein, daß unsere Gebete von Gott angenommen werden. Entsprechend der Festigkeit des Glaubens und der Überzeugung, daß Gott uns anschaut und helfen werde, werden wir erhört.
»Was immer ihr im Gebet erbittet, glaubt, daß ihr es erhalten werdet: Es wird euch dann auch zuteil« (Mk 11,24).

33. Kann ein Zweifelnder Zuversicht haben?

Die Reinheit des Herzens ist die Voraussetzung, ganz voll Vertrauen und Zuversicht auf die Erhörung des Gebetes zu hoffen.
Können aber die vielen Zweifelnden, für die »Reinheit des Herzens« noch ein abstrakter Begriff ist, die am Anfang oder inmitten des Entwicklungsprozesses stehen, eine solche Zuversicht haben?
Kann trotz weltlicher Abhängigkeiten, trotz fehlender Erfahrung und Erkenntnis von Zusammenhängen zwischen Himmel und Erde eine solche Zuversicht lebendig werden?

34. Verschiedene Ursachen der Erhörung und die Beharrlichkeit im Gebet

Daß diese Frage eindeutig mit Ja beantwortet werden kann, bezeugen das Evangelium und die Propheten.

Für die Erhörung der Gebete gibt es verschiedene Ursachen – je nach den verschiedenen und veränderlichen Zuständen der Seele.

– »Einigkeit stärkt«:
»Wenn zwei von euch im Einklang sind auf Erden in irgendeiner Sache, um die sie bitten, so wird sie ihnen von meinem Vater, der im Himmel ist, zuteil. Denn wo zwei oder drei in meinem Namen versammelt sind, da bin ich mitten unter ihnen« (Mt 18,19-20).

– »Der Glaube versetzt Berge«:
»Wenn euer Glaube auch nur so groß ist wie ein Senfkorn, dann werdet ihr zu diesem Berg sagen: Rück' von hier nach dort!, und er wird wegrücken. Nichts wird euch unmöglich sein« (Mt 17,20).

– »Beharrlichkeit führt zum Ziel«:
»Ich sage euch: Wenn er schon nicht deswegen aufsteht und ihm seine Bitte erfüllt, weil er sein Freund ist, so wird er doch wegen seiner Zudringlichkeit aufstehen und ihm geben, was er braucht« (Lk 11,8).
In diesem Gleichnis vom bittenden Freund bedeutet »zudringlich« die ausdauernde und sich ständig wiederholende Bitte, die Gott in seiner erbarmenden Liebe beantwortet.

– »Tue Gutes und sprich nicht darüber«:
»Verschließe das Almosen im Herzen des Armen, und es wird für dich bitten in der Zeit der Trübsal« (Sir 29,12).

– »Bessere dein Leben und sei barmherzig«:
»Wißt ihr nicht, wie das Fasten ist, das ich liebe? So spricht der Herr: Laß' los, welche du mit Unrecht gebunden hast; entlasse, welche du beschwerst; gib' frei, welche du drängst; reiß' weg jegliche Last« (Jes 58,6).

Nachdem der Prophet die Sinnlosigkeit eines nutzlosen Fastens bewußt macht, verspricht er:
»Wenn du dann rufst, wird der Herr dir Antwort geben, und wenn du um Hilfe schreist, wird er sagen: Hier bin ich« (Jes 58,9).

– »Gib' Hilfe ...
›Bedrängt nicht den Fremdling, denn wenn er zu mir ruft, erhöre ich ihn, weil ich barmherzig bin‹ (Ex 22,20.26),
... denn dir wird Hilfe gegeben«:
»Ich rief zum Herrn in meiner Not, und er hat mich erhört« (Ps 120,1).

Auf verschiedenste Weise kann also die Gnade der Erhörung erlangt werden – auch von denen, deren Leben stark von belastenden Abhängigkeiten bestimmt wird. Niemand braucht somit zu verzweifeln, denn jeder darf auf Heil und Ewigkeit hoffen.

✧ *Warum führt Cassian hier so viele verschiedene christliche Lebensregeln ein? Wo ist die Verbindung zum Ruhegebet?*
Ohne die »Anleitung zum Ruhegebet« zu kennen, ist diese Frage verständlich. Wir hören zunächst von bestimmten, nicht immer einfachen Bedingungen, die generell das Beten fördern; also ein bewußt gesteuertes Tun, das in jedem Fall seinen hohen Wert hat und von allen in jeder Situation mit Erfolg eingeübt werden kann.
Allerdings müssen diese Bedingungen konsequent durchlebt und eingehalten werden. Nicht umsonst werden noch einmal am Ende der »Hinführung zum Ruhegebet« vielfältige Wege aufgezeigt, die zur Erhörung führen, um dann vor diesem Hintergrund die Einfachheit, Anstrengungslosigkeit und das Umfassende des Ruhegebetes noch deutlicher abzusetzen, damit wir die Einmaligkeit dieser Meditation erkennen und sie wertzuschätzen lernen.✧

Selbst wenn wir nicht in einer der genannten Seelenverfassungen sind, können wir durch die ausdauernde und sich ständig wiederholende Bitte zu Gott durch-dringen. Hierzu ist jeder Mensch, der meditieren *möchte,* in der Lage. Allein schon wegen solcher Zu-dringlichkeit verspricht der Herr, alles zu geben, um was er gebeten wird. Deshalb muß sich diese Form des sich ständig wiederholenden Gebetes ohne Mißtrauen und Zweifel in Beharrlichkeit und Ruhe immer neu vollziehen.
Denn da der Herr uns ja zu Heil und Ewigkeit lenken will, fördert und fordert er unsere Zu-dringlichkeit. Er weist unser beständiges Rufen nicht zurück; er lädt uns ein, lobt die Beharrlichkeit und verspricht in seinem großen Erbarmen, den auf diese Weise Bittenden zu erlösen.
»Bittet und ihr werdet erhalten; sucht und ihr werdet finden; klopft an, und es wird euch aufgetan« (Lk 11,9).
Und: »Alles, was ihr im Gebet erbittet, werdet ihr erhalten und nichts wird euch unmöglich sein, wenn ihr glaubt« (Mt 21,22; 17,20).
Wenn uns daher auch alle Ursachen zur Erhörung, wie wir sie oben genannt haben, völlig fehlen, so sollten wir doch mit Mut und Vertrauen das anhaltende und sich ständig wiederholende Gebet innerlich sprechen. Denn jeder, der meditieren will, darf hoffen – ganz gleich, in welcher seelischen Verfassung er sich befindet –, daß ihm das für ihn Not-wendige geschenkt wird. Wenn wir allerdings zweifeln, wird unser Gebet sicher nicht erhört.
Im Alten Testament gibt es ein besonderes Beispiel für den Erfolg des beständigen Betens:
Das Gebet des Propheten Daniel wurde bereits am ersten Tag erhört; doch erst nach einundzwanzig Tagen wurde ihm die Erhörung offenbar (Dan 10,2).
Deshalb dürfen auch wir nicht aufgeben, wenn wir uns nicht gleich zu Anfang unseres Betens einer Erhörung bewußt werden und sie verwirklichen können. Sonst kann es geschehen, daß durch Zweifel

und innere Widerstände die im Heilsplan Gottes uns zugedachte Liebeszuwendung verzögert oder sogar aufgehalten wird. Selbst wenn wir vorerst in keiner Weise spüren, daß unsere Meditation auch nur im geringsten eine positive Wirkung zeigt, können wir doch weiterhin fest in unserem Vertrauen bleiben und dürfen uns durch Zweifel oder Hoffnungslosigkeit – mögen sie auch noch so stark sein – nicht davon abbringen lassen, den Gebetsweg weiter zu gehen.

»Alles, was ihr im Gebet erbittet, werdet ihr erhalten, wenn ihr glaubt« (Mt 21,22).

»Das ist das Vertrauen, das wir zu ihm haben, daß er uns erhört, um was immer wir nach seinem Willen bitten« (1 Joh 5,14).

Wenn das, was wir erbitten, mit dem Willen des Herrn übereinstimmt, können wir absolut sicher sein, erhört zu werden; nicht gemeint sind jedoch Bitten, die lediglich im Interesse eines eigennützigen Wohlergehens und einer zeitlichen Befriedigung liegen. Dessen müssen wir uns auch beim Beten des Vater unser bewußt werden: »Dein Wille geschehe« – also nicht der unsere.

✧ *Es geschieht letztlich doch alles nach dem Willen Gottes; warum sollte ich dann so viel Zeit aufwenden und noch darum beten?*

Durch das Beten, und ganz besonders durch die Bereitung im Ruhegebet, werde ich sensibler und spüriger für den Willen Gottes, so daß mir – wenn ich ihn in meine Entscheidungen und mein Tun mit einfließen lasse – leidvolle und schmerzhafte Umwege erspart bleiben.✧

Daß wir oft um etwas bitten, das unserem eigentlichen Heil entgegengesetzt ist, kommt bei Paulus (Röm 8,26) zum Ausdruck.

»Wir wissen nicht, worum wir in rechter Weise beten sollen.« Dann wird das, um was wir bitten, uns zu unserem eigenen Vorteil verweigert, da Er besser und wahrhaftiger sieht, was für uns not-wendig ist.

Dies kommt auch im Gebet Jesu und in der Erhörung zum Ausdruck: »Vater, wenn es möglich ist, so gehe dieser Kelch an mir vorüber; aber nicht wie ich will, sondern wie du willst« (Mt 26,39).
Er wollte retten, was verloren war, und sein Leben hingeben zur Erlösung vieler:
»Niemand nimmt mein Leben von mir, sondern ich gebe es aus freiem Willen hin. Ich habe die Macht, es hinzugeben und wieder zu nehmen« (Joh 10,18).
Um diese Einheit des Willens betet auch David: »Deinen Willen zu tun, mein Gott, macht mir Freude, deine Weisung trag' ich im Herzen« (Ps 40,9).
Diese Einheit im Willen besteht in höchster Vollendung zwischen Vater und Sohn.

Der Vater:
- »Denn Gott hat die Welt so sehr geliebt, daß er seinen einzigen Sohn hingab« (Joh 3,16).
- »Er hat seinen eigenen Sohn nicht verschont, sondern ihn für uns alle hingegeben« (Röm 8,32).

Der Sohn:
- »Der sich selbst hingab für unsere Sünden« (Gal 1,4).
- »Er wurde geopfert, weil er selbst wollte« (Jes 53,7).

Hingabe schafft Rettung. So sollten wir unsere Bitten immer mit dem Gebet beschließen:
»Aber nicht wie ich will, sondern wie du willst« (Mt 26,39).

35. Weisung zum Ruhegebet (Mt 6,6)

Jesus gibt in der Bergpredigt eine konkrete Anweisung:
»Du aber geh' in deine Kammer, wenn du betest, und schließ' die Tür zu; dann bete zu deinem Vater, der im Verborgenen ist« (Mt 6,6).

- In unserer »Kammer« beten wir, wenn wir unser Herz von aller Aktivität, allen Gedanken und Sorgen völlig abwenden und uns in einer vertrauensvollen Ruhe Gott hingeben.

✧ *Liegt hierin nicht die Gefahr, die Augen vor den Realitäten zu verschließen und das, was wir im Leben durchstehen müssen, zu leicht zu nehmen?*
Wir nehmen die Realitäten durchaus mit in die Stille des Betens, selbst wenn wir die Augen schließen.
Ein Sportler wird vor einem Weitsprung zunächst ein Stück zurückgehen und sich sammeln, um dann mit einem kraftvollen Anlauf sein Ziel zu erreichen.✧

- Bei »geschlossener Tür« beten wir, wenn wir mit geschlossenen Lippen in tiefer Ruhe eine Verbindung zu Ihm nicht mit der Stimme, sondern mit dem Herzen suchen.
- »Im Verborgenen« beten wir, wenn wir die bewußte Gedankenführung ausschalten und über die tiefe Innerlichkeit, dem Herzen, Kontakt allein mit Gott aufnehmen.

Folgen wir diesen Anweisungen, breitet sich eine große und innere Ruhe aus. Diese Ruhe wird zum Schutz gegen neue Störfaktoren, leitet eine Entgrenzung auf Gott hin ein und stabilisiert Geist und Körper.

36. Erfüllung im Ruhegebet

Man sollte häufig, jedoch kurz, beten, damit das Gleichgewicht zwischen Ruhe und Aktivität immer neu wieder hergestellt wird, denn alle Lebensprozesse können nur durch einen ausgewogenen Rhythmus wachsen. Das nämlich ist der wahre Geist der Hingabe, daß der Meditierende zwischen beidem wechselt. So wird einerseits der nicht aktive Geist zu einem »Opfer« vor Gott – wie aber auch die Aktivität in der Welt. Wenn diese »Opfer«, die Gott gefallen (Ps 51,19), nach den genauen Anweisungen immer und immer wieder dargebracht werden, erfüllt sich in der Kraft und Wirkung das Wort aus Psalm 141: »Wie ein Rauchopfer steige mein Gebet vor Dir auf; als Abendopfer gelte vor Dir, wenn ich meine Hände erhebe.«
Diese 36 Kapitel können durch die Begrenztheit der Worte nur versuchen, das Wesen der Hingabe zu beschreiben, die im Gebet erfahrbar wird.

✧ *So viel Theorie …*
Das, was ich bisher erfahren habe, hat mir viel Anlaß zum Nachdenken gegeben. Aber warum eine so ausführliche Hinführung, wenn ich doch »nur« eine einfache Gebetspraxis erwarte?
Sie werden erstaunt sein, wie einfach das Ruhegebet einzuüben und zu praktizieren ist. Aber gerade wegen dieser Einfachheit und Leichtigkeit ist es unverzichtbar, vorher die eigentliche Bedeutung, die man sonst nicht ermessen könnte, herauszustellen und eine Beziehung zu anderen Gebetsweisen deutlich zu machen. ✧

Die Einführung dient als unverzichtbare Wissensgrundlage, um von allen Gebeten dem Ruhegebet den Vorzug geben zu können. Gleichzeitig ist sie Voraussetzung für das Verständnis weiterer Anweisungen zur Einführung und Praxis des Ruhegebetes.

Anleitung zum Ruhegebet

1. Vor-satz

Während wir im ersten Teil, der Hinführung zum Ruhegebet, gedanklich in sogar kosmische Dimensionen geführt wurden, werden wir im folgenden zweiten Teil zurück auf die Erde gebracht.

✧ *Ist jeder Mensch – unabhängig von Geschlecht, Alter, Beruf, Konfession – in der Lage, zu meditieren?*
Jeder kann das Ruhegebet praktizieren.
Wer denken kann, kann auch meditieren.
Sicherlich wird aber jemand, der nicht zu einer christlichen Religionsgemeinschaft gehört, eine andere Form wählen. ✧

Aus der Gebetstheorie wird eine Gebetspraxis, die mit einer zentral wichtigen Frage beginnt. Durch die Beantwortung wird auf der einen Seite der in Vorstellungen verhaftete Beter erschüttert, auf der anderen Seite aber wird ein konkret gangbarer Weg aufgezeigt, der tiefste Erkenntnisse vermittelt und Glauben stärkt.

2. *Das Gottesbild gerät ins Wanken*

Bereits im Jahr 399 sandte Theophilus, Bischof von Alexandrien, Briefe an alle Kirchen Ägyptens, in denen er sich ausführlich zum vorherrschenden Gottesbild äußerte. Er bezeichnete die Ausprägung der Gottesvorstellung nach dem Bild des Menschen als Häresie (Anthropomorphismus). Nahezu alle dort lebenden Mönche waren aufgrund ihrer geistigen Enge hierüber so verbittert, daß der größte Teil von ihnen überzeugt davon war, nicht sie, sondern dieser Bischof sei einer schlimmen Irrlehre verfallen. Diese seine Ansicht sei zu verurteilen, denn sie leugne und widerspreche sogar Aussagen der Heiligen Schrift, der allmächtige Gott sei nach menschlicher Weise gestaltet, während es doch heißt, Adam sei nach dem Bild Gottes geschaffen.

Sogar von den in der sketischen Wüste lebenden Mönchen, die als vollkommener und wissenschaftlich gebildeter galten als alle anderen Mönche Ägyptens, wurde dieser Brief strikt zurückgewiesen. Die einzige Ausnahme bildete der Abt Paphnutius. Keiner der Priester in dieser Region ließ eine Verkündigung der bischöflichen Botschaft in einer seiner Kirchen oder während einer Versammlung zu.

3. *Das Gottesbild wird zerstört*

Der in der Vorstellungswelt des Anthropomorphismus befangene Abt Serapion hatte die menschliche Struktur und menschliche Begriffe auf Gott übertragen. Schon sehr lange führte er auf dieser Grundlage ein sehr strenges Leben und galt in der Askese als ein fast Vollendeter. Aber seine begrenzte Ansicht, daß die Erkenntnis des Göttlichen durch die erfahrbare Menschenwelt vermittelt ist und nur nach der Vorstellungsweise des Menschen vergegenwärtigt werden kann, bestätigte in allen anderen eben diese Meinung, ja, verstärkte sogar in ihnen dieses Vorurteil, denn Serapion galt, aufgrund der in seinem Leben erworbenen Verdienste und der Tatsache, daß er eine so lange Zeit als Mönch wirkte, den anderen als Vorbild.

Besonders der Abt Paphnutius hatte immer wieder versucht, Serapion davon zu überzeugen, daß kein Begriff einfach auf Gott hin übertragen werden kann, weil durch die raumzeitliche Begrenzung der menschliche Begriff wesenhaft an Konkretes gebunden ist.

Serapion war, trotz dieser vielen Bemühungen des Paphnutius, nicht gewillt, diese überlieferte und ihm anerzogene Lehre aufzugeben.

Photinus, ein hochgebildeter Wissenschaftler und Diakon aus der Gegend Kappadoziens, suchte das Gespräch mit Mönchen in der sketischen Wüste und wurde vom Abt Paphnutius bereitwillig und freudig aufgenommen. Paphnutius befragte ihn – zur Bestärkung des Glaubens – in Gegenwart aller anderen Mönche zum Inhalt des bischöflichen Briefes und bat ihn, darüber zu berichten, wie die christlichen Kirchen des ganzen Orients das Wort der Genesis »Laßt uns den Menschen machen nach unserem Bild und Gleichnis« (Gen 1,26) auslegen.

Photinus legte dar, daß das »Ebenbild und Gleichnis Gottes« von allen Kirchen nicht nach dem buchstäblichen Sinne, sondern geistig ausgelegt werde. Er erklärte, durch Zeugnisse der Heiligen Schrift werde deutlich, daß die unermeßliche, unbegreifliche und unsichtbare Größe Gottes nicht durch etwas bestimmt werden könne, was mit menschlicher Gestalt und Ähnlichkeit umschrieben werden kann, was menschliche Augen erfassen sowie menschlicher Geist denken und beurteilen kann, denn diese Größe Gottes sei von unkörperlicher und nicht zusammengesetzter, einfacher Natur.

Von diesen vielen und unwiderlegbaren Aussagen des wissenden Photinus wurde Serapion so stark ergriffen, daß sein Gottesbild ins

Wanken geriet und er zum wahren Glauben nach der Überlieferung fand.
Darüber, daß der Herr einem Mann wie Serapion, in diesem Alter und in dieser Vollkommenheit, der nur durch Unkenntnis und mangelnde Erfahrung irrte, zu einer solchen neuen Einsicht und zum rechten Glauben kommen ließ, empfanden sowohl der Abt Paphnutius wie auch alle anderen unbeschreibliche Freude.
Im gemeinsamen Gebet wurde Serapion in eine entgrenzende, für ihn noch unbekannte Glaubensdimension geführt. Er fühlte das menschenförmige Bild Gottes, das er gewohnt war, sich im Gebet vorzustellen, aus seinem Inneren schwinden und wie sich die enge Begrenzung seines Bewußtseins löste. Verwirrt und hilflos brach Serapion in bitteres Weinen aus, warf sich zu Boden und rief:
»Weh' mir Unglücklichen! Sie haben mir meinen Gott genommen, und nun habe ich keinen, an den ich mich halten kann, und weiß nicht, wen ich anbeten und bitten soll.«

✧ *Warum schien es notwendig, einen Menschen wie Serapion diese schmerzliche Erfahrung machen zu lassen?*

Sehr geschickt leitet Cassian mit dieser bewegenden Geschichte des Serapion die Praxis des Ruhegebetes ein. Trotz asketischen Lebens fehlt Serapion eine wesentliche Glaubenserfahrung, so daß eine Unkenntnis bleibt, die zu ernstem Schaden führen muß.
Cassian weist auf die große Gefahr für jedes christliche Gebet hin: Daß wir uns Gott passend zurechtschneidern, um ihn zu einem idealen Partner oder bequemen Idol zu machen. Damit weichen wir der Realität Gottes aus: seiner absoluten Transzendenz und seiner gleichzeitigen unmittelbaren liebenden Nähe durch seinen Geist, der in uns wohnt.
Auf sehr schmerzhafte Weise wird nun Serapion zu diesem für ihn völlig neuen Gebetsverständnis geführt. Er lernt dabei, ganz in der Tiefe seiner Gefühle und Vorstellungen alles auf Gott hin loszulassen. Und genau das ist nicht mehr Theorie, sondern Praxis, die Serapion nun zu einem Gebet ohne bildliche Vorstellung führt.

Menschliches Überlegen und alle Theorie können niemals Gottes vollkommenes Anderssein begreifen. Cassian holt am Beispiel des Serapion alle Theorie zurück in die Realität. Er weist damit auf die grundlegende Bedeutung hin, die diese Erkenntnis für das Verständnis des Ruhegebetes haben muß: Im Gebet ist es immer Gott selbst, der aktiv ist und den ersten Schritt zu unserem Heil tut. Genau darin besteht das eigentliche Wesen dieser Meditation. ✧

4. Serapion verlangt Erfahrung

Diese ergreifende Geschichte des verzweifelten Serapion und die angesprochene besondere Gebetsthematik lassen aufhorchen und drängen zur konsequenten Beantwortung von Fragen – ohne Rücksicht auf irgendwelche persönlichen Gottesbilder oder Sichtweisen.
Der fundamentale Irrtum des gebildeten, jedoch verblendeten Serapion macht diesen Wunsch noch größer, denn die Erkenntnis ist bedrückend, daß dieser Mann, der sich über 50 Jahre mühte, ein asketisches, vorbildliches und arbeitsreiches Leben zu führen, größte Gefahr läuft, durch seine Unwissenheit nicht zum Ziel zu finden. Aus diesem Grund ist es von besonderem Interesse, zu verstehen, warum er zu diesem anthropomorphitischen Bild von Gott kam, das er sich beim Beten vorgestellt hatte.
Von ganz zentraler Bedeutung ist weiterhin die Frage, wie der Gebetszustand erreicht werden kann, von dem so ausführlich und überzeugt gesprochen wurde.
Die vorausgegangene Hinführung zum Ruhegebet weckte Neugier und ist Motivation, erklärte jedoch nicht, *wie* man praktisch dieses Gebet ausführt und es auf der Grundlage des Tuns umfassend versteht.

5. Ursachen der Begrenzung

Kann es verwundern, daß Abt Serapion – dieser eine so klare Einfachheit ausstrahlende Mann – von Grund auf einem Fehler verfallen war, an den er sich, ohne es selbst zu merken, gewöhnt hatte, wenn er niemals ganz über das Wesen und die Natur Gottes belehrt wurde und auch keine entsprechende Einübung erfahren konnte? Durch die Bindung an eine bestimmte Vorstellung von Gott wurde er in seinem Entwicklungsprozeß aufgehalten und irregeführt. Es ist falsch, anzunehmen, daß dieser Irrtum, dem immer wieder Menschen verfallen, auf negativer Beeinflussung beruht. Der Irrtum ist vielmehr auf eine solche Art der Unkenntnis zurückzuführen, wie sie auch in alten Kulturen bei der Verehrung von Dämonen in Menschengestalt zu finden war. Es gibt also einen Zusammenhang zwischen dieser Verehrung und dem Beten zu Gott – dem Unbegrenzten und Unbegreiflichen – von dem man glaubt, ihn in der engen Begrenzung eines vorgestellten Bildes anbeten zu müssen.
Diese Menschen meinen, gar nichts zu haben, wenn sie sich nicht irgendein Bild vorstellen können, das sie im Dialog mit Gott beständig ansprechen, in ihrem Bewußtsein tragen und immer fest vor Augen haben.

Diesen Irrtum sprechen auch Paulus und Jeremia an:
- »Und sie vertauschten die Herrlichkeit des unvergänglichen Gottes mit dem Bild des vergänglichen Menschen« (Röm 1,23).
- »Mein Volk hat seine Herrlichkeit mit einem Götzenbild vertauscht« (Jer 2,11).

✧ *Warum stellen sich auch heute noch so viele Gott in menschlicher Gestalt vor, obwohl diese »Erkenntnis des Serapion« bereits seit über 1500 Jahren christliches Gedankengut ist?*

Wieviel Menschen halten das ihnen in der Jugend vermittelte Gottesbild krampfhaft fest?

Wieviel Menschen haben überhaupt keinen Zugang zu religiösen Dimensionen, weil sie Gott von vornherein als unwirklich abtun oder lächerlich machen?
Einmal ist es Angst, Gewohntes oder Eingeübtes zu verlieren, zum anderen werden zu wenig oder kaum gangbare Wege zur Entgrenzung der bisherigen Gottesvorstellung aufgezeigt – oder überhaupt Wege, die Zweiflern, Skeptikern und Atheisten eine lebendige Gotteserfahrung vermitteln und die ihnen die Präsenz Gottes im realen Leben deutlich machen könnten.
Zu häufig wird bei der Vermittlung der christlichen Religion mehr Wert gelegt auf ein intellektuelles Verständnis als darauf, daß menschliche Grunderfahrung mit dem Wesen und der Liebe Gottes zusammengebracht werden. Hieraus resultiert ein Mangel an religiöser Erfahrung.
Religiöse Erfahrung selbst ist zwar in jedem Menschen existent – jedoch oft nicht bewußt, zu wenig kultiviert und nicht aufgearbeitet. ✧

Dies ist die eine Ursache dafür, daß die gefährliche Ausprägung der Gottesvorstellung nach dem Bild des Menschen so tiefe Wurzeln im Bewußtsein schlagen konnte und kann. Die andere besteht nicht in diesem althergebrachten Aberglauben, sondern ist durch falsche Bibelauslegung entstanden:

> Laßt uns den Menschen machen nach unserem Bild und Gleichnis« (Gen 1,26).

Die so aus Unkenntnis und mangelnder Tiefenerfahrung Gottes entstandene Lehre hat zur Häresie der Anthropomorphiten geführt, die die Begriffe der menschlichen Natur einfach in die Transzendenz verlängert und auf Gott überträgt. Es wird hartnäckig behauptet, das unbegrenzte und einfache Wesen Gottes sei nach menschlicher Struktur und menschlichem Bild gestaltet. Ein solch begrenztes Bild von Gott hat jedoch keine Bedeutung für den im Glaubensbewußtsein entwickelten Menschen. Dieser ist auf dem Weg zu einer ganz

anderen, reinen Form des Gebetes, welches weder irgendeine Vorstellung von Gott noch ein Bild von ihm enthält.
Im Gegenteil: Dieses Ruhegebet läßt nicht einmal eine bewußte Gedankenführung zu oder Erinnerung an irgendein Wort und keine Vorstellung eines Handlungsablaufes. Es wird somit ein Gebetszustand erreicht, der keinerlei Form des Relativen mehr in sich zuläßt.

6. Aufstieg zum Berg der Gotteserfahrung

Das Erreichen höherer Gebetsverfassung ist unabdingbar abhängig von der Entwicklungsstufe des Bewußtseins.
Je mehr der Betende sich von irdischen und materiellen Dingen distanzieren kann, je mehr er in ein umfassenderes Bewußtsein hineinwächst und Jesus Christus nicht nur in seiner erniedrigten menschlichen Gestalt sieht, desto eher kann er ihn mit den Blicken des Herzens in seiner alles umfassenden Herrlichkeit schauen. So werden diejenigen Christus als König nicht erfahren können, die einzig und allein in der menschlichen Vorstellungswelt verhaftet sind.

> Wenn wir früher Christus dem Fleische nach gekannt haben, kennen wir ihn doch jetzt nicht mehr so (2 Kor 5,16).

Wenn also im Gebet jegliches praktische Tun und alle Gedanken zurückgelassen werden und man mit ihm – um in einem Bild zu sprechen – emporsteigt und sich mit ihm zurückzieht auf den hohen Berg der Einsamkeit, dann wird seine Gottheit offenbar und mit ganz reinen Augen geschaut werden können.
In diesem höheren Bewußtseinszustand ist der Meditierende ganz frei von jeglicher Gedankenbewegung; weltverstrickende Gedanken

und Sorgen haben hier keinen Platz mehr, sinnenhafte Vorstellungen und Wünsche binden nicht mehr an ein geistloses Unten.

✧ *Ist die Bezeichnung »geistloses Unten« nicht eine Abwertung unseres Alltags und der Probleme, mit denen wir uns auseinandersetzen müssen?*
Sie erinnern sich:
Es geht hier nur um den Zustand während des Gebetes. Außerhalb der Meditation gilt es, Leben zu bestehen und auch oft ein geistloses Unten ertragen und mittragen zu müssen. Das Ruhegebet stärkt. ✧

Diese Höhe besteht in der Vollendung des Glaubens und im Heilsein des Menschen nach göttlichem Plan. Mit den reinen Blicken der Seele wird die Verklärung Jesu wahr-genommen und das göttliche Antlitz von denen geschaut, die zu dieser Höhe aufgestiegen sind. Natürlich können auch die vielen Menschen, denen diese Gnade noch nicht in solcher Fülle geschenkt ist, Gott überall da erfahren, wo sie stehen oder hingestellt wurden, auch inmitten ihrer Arbeitswelt. Jedoch werden sie die Klarheit nicht erlangen, die sich demjenigen schenkt, die mit ihm auf den Berg des Heilseins und der Verklärung steigen – Petrus, Jakobus und Johannes (Mt 17,1-9). In dieser Klarheit begegnete Gott auch dem Moses (Ex 3,2-4,17) und dem Elias in der Zurückgezogenheit (1 Kön 19,9-18).
Durch seine Beispiele bestätigt Jesus die Notwendigkeit, sich beim Beten zurückzuziehen. Als die ewig strömende Quelle aller Heiligkeit bedurfte Jesus bestimmt nicht der Zurückgezogenheit und der äußeren Einsamkeit, lebte er doch bereits in der Einheit mit dem Vater. Seine aufstrahlende Klarheit konnte nicht durch den Umgang mit Menschen getrübt werden, und nichts vermochte ihn zu berühren, was ihn negativ beeinflußt hätte, ihn, der alle Finsternis erhellt und heiligt.
Und dennoch zog er sich auf einen Berg zurück, um in der Einsamkeit zu beten (Mt 14,23).

Durch das Beispiel seiner Abgeschiedenheit lehrte er uns die notwendige Voraussetzung für das wesentliche Gebet.
Wenn wir aus ganzem Herzen und mit unserem ganzen Sein zu Gott beten wollen, dann sollten wir uns von aller Unruhe und jeglicher Aktivität zurückziehen. Das ist die Voraussetzung dafür, bereits in dieser Welt tiefere Erfahrungen mit Gott zu machen und wenigstens ansatzweise den Zustand der Seligkeit zu erleben, der für die Zukunft verheißen ist, daß dann »Gott alles in allem ist« (1 Kor 15,28).

7. Das Ziel: Einssein mit Gott

Wenn »Gott alles in allem ist« und somit jene vollkommene Liebe Gottes, mit der »er uns zuerst geliebt hat« (1 Joh 4,10), auch auf alle Herzensregungen des Menschen übergegangen ist, dann erfüllt sich in uns das Gebet des Herrn, mit dem er für seine Jünger zum Vater betete:

> Möge die Liebe, mit der du mich geliebt hast, in ihnen sein und sie in uns (Joh 17,26).

> Mögen sie alle eins sein: Wie du Vater in mir bist und ich in dir, damit auch sie in uns eins seien (Joh 17,21).

Diese Gebete hat Jesus sicherlich nicht vergeblich ausgesprochen.
Wenn all unser Lieben, unsere ganze Sehnsucht, alles Streben und Suchen, all unser Denken, wenn unser ganzes Leben, unser Sprechen und Hoffen Gott sein wird, dann hat diese Einheit, die der Vater mit dem Sohn und der Sohn mit dem Vater ist, vollkommen in unserem

Herz und in unserem Geist Gestalt angenommen. Wie Gott uns liebt mit aufrichtiger, reiner und unvergänglicher Liebe, so werden auch wir mit ihm in ewiger und unzertrennlicher Liebe eins sein und mit ihm verbunden, so daß unser Hoffen, Erkennen und Sprechen Gott sein wird.
Dies ist das Ziel, zu dem uns der Herr führen möchte, und das er in uns erfüllt haben will:

> Daß alle eins seien, wie wir eins sind, ich in ihnen und du in mir. So sollen sie vollendet sein in der Einheit, damit die Welt erkennt, daß du mich gesandt hast und die Meinen ebenso geliebt hast wie mich. Vater, ich will, daß alle, die du mir gegeben hast, auch dort bei mir sind, wo ich bin (Joh 17,22-24).

Die Absicht und die tiefe Motivation des Meditierenden besteht darin, schon in dieser Welt und Zeit im Bewußtsein der Einheit mit Gott Erfahrungen zu machen, die trotz der körperlichen Begrenztheit des Menschen bereits ein Vorgeschmack der zu erwartenden Lebensform und Herrlichkeit sind. Das Ziel aller Vollkommenheit wird mehr und mehr erreicht, wenn Geist und Herz durch die tägliche Übung von allem egoistischen Verhaftetsein befreit sind und sich zu einer rein geistlichen Wirklichkeit erheben, so daß alles, was wir denken und tun, ja, jede Bewegung des Herzens zu einem umfassenden und immerwährenden Gebet wird.

✧ *Hat das Wort »Absicht« an dieser Stelle eine Berechtigung? Bisher wurde immer davon gesprochen, daß jeder Wille ausgeschlossen werden müsse.*

Der Mensch ist darauf angelegt, Grenzen zu überschreiten:
Das Kind möchte nach 9 Monaten das Licht der Welt erblicken; es möchte Neues entdecken und sich weiterentwickeln.
Immer neue Wünsche entstehen, die man erfüllt haben möchte.

Allem zugrunde liegt die tiefe Sehnsucht des Menschen, Gott erfahren zu dürfen und eins mit ihm zu werden.
Wir können also »Absicht« mit Sehn-sucht gleichsetzen. Unser Sehnen nach Gott ist ein permanentes, auf dessen Erfüllung letztlich alles ausgerichtet ist. ✧

8. Weg-Weisungen

Die Tiefe dieser Inhalte löst bestimmte Bewunderung aus, die bis zur Ergriffenheit führt. Je größer jedoch der Wunsch nach diesem vollkommenen Einssein mit Gott in uns wird, desto schmerzlicher ist es für uns, nicht zu wissen, *wie* wir zu diesem erhabenen Zustand finden und ihn erlangen können. Sicherlich ist es notwendig, all das, was die vielen geistlichen Impulse im Inneren ausgelöst haben, mit einem Wegweisenden ausführlich zu besprechen. Dieser wird an keiner Unsicherheit oder Schwäche Anstoß nehmen, die ja ohnehin gerade deswegen zu offenbaren ist, damit sie abgebaut werden kann. Völlig unabhängig von jeglicher individuellen Vorstellung ist es zur höchstmöglichen Entfaltung einer jeden Kunst oder Wissenschaft unabdingbar, diese zunächst in ihren einfachen Grundstrukturen und Ansätzen zu vermitteln und einzuüben, damit sie nach und nach verinnerlicht und so allmählich und stufenweise wachsen kann.

✧ *Bin ich also nicht in der Lage, allein diesen Weg zu finden? Warum benötige ich einen »Wegweisenden«?*
Und wie finde ich ihn?

Selbstverständlich bin ich in der Lage, den Weg zu Gott zu finden – auch ohne jegliche Hilfe.
Wenn Sie aber den Weg über das Ruhegebet meinen, ist es schwieriger, denn diese spezielle, von den frühen Mönchsvätern über Cassian bis in

unsere Gegenwart tradierte Gebetsweise erfordert eine Einführung und besondere Anweisungen.
Hilfreich wäre ein Lehrer, der uns mit der Praxis des Ruhegebetes vertraut macht: Wir verlieren keine Zeit durch langes Suchen und Experimentieren, vermeiden Fehler, lernen aus den Erfahrungen anderer und bekommen gleich Antwort auf bewegende Fragen.
Diese Anweisungen erhielt auch Cassian durch seine geistlichen Lehrer Evagrius Pontikus und Johannes Chrysostomus.
Den Wegweisenden brauchen wir nicht zu suchen; es ist Christus.
Einen Menschen zu finden, der die Anwege mit uns geht, ist oft nicht einfach. Je größer Ihr Wunsch nach einem Lehrer aber ist – desto schneller werden Sie ihn finden. ✧

Wenn nun dem Anfänger die offenkundigen Grundsätze in Fleisch und Blut übergegangen sind, und er somit den Einstieg in seinen Beruf gefunden hat, dann wird er ganz von selbst damit beginnen, auch die tieferen Dimensionen seines Faches in folgerichtiger Konsequenz zu ergründen, und zwar ohne große Mühe, bis er zu letzten Gründen oder höchsten Höhen gelangt.

Ein Lernender wird nur dann
- Silbenverbindungen aussprechen können, wenn er zuvor die Buchstaben erlernt hat,
- das Lesen erlernen, wenn er in der Lage ist, Wörter miteinander zu verbinden,
- rhetorisch gewandt sein, wenn er zuvor in der Grammatik unterrichtet wurde.

Es ist demnach verständlich, daß auch für diesen Meditationsweg, der zum Einssein mit Gott führt, bestimmte grundlegende Anleitungen gegeben werden müssen. Sie bilden das Fundament für alle weiteren Entwicklungsstufen. Die Vermutung liegt nun nahe, zunächst einmal nach einer geistlichen Gebetsübung zu fragen, durch die sich der Betende auf Gott hin ausrichtet und durch die Gott innerlich gegenwärtig werden kann.

Weitere Fragen:
- Wie kann durch diese Übung das Bewußtsein des Menschen von der Gegenwart Gottes dauerhaft erfüllt bleiben?
- Gibt es so etwas wie eine Methode, die es erlaubt, Gott im Herzen und im Geiste zu empfangen und zu bewahren?
- Wie kann man zu ihm zurückkehren, wenn man merkt, daß man im Gebet abgeglitten ist?
- Worin besteht eine einfache erneute Hinwendung zu Gott, ohne mit den Gedanken lange umherzuschweifen und anstrengend zu suchen?

Bekanntlich kommt es immer wieder vor, daß wir in der Meditation aus einer Ablenkung erwachen oder uns eine Zerstreutheit bewußt wird, und wir somit neu nach einer Methode suchen müssen, durch die wir weiter meditieren können. Dieses Suchen bedeutet einen Zeitverlust und die Gefahr, die Motivation im Gebet zu verlieren – noch ehe wir einen neuen Einstieg gefunden haben.
So verfliegt die sich langsam ausbreitende Ruhe des Herzens schnell wieder, ohne daß wesentliche Meditationserfahrungen geschenkt wurden. Mit dieser unbefriedigenden Situation müssen wir deshalb rechnen, weil wir kein besonderes Hilfsmittel, keine bestimmte Formel, besitzen und ständig präsent haben; eine Gebetsformel, mit der wir unseren unruhigen Geist von seinem vielen Umherschweifen zurückrufen können, um – wie nach einem Schiffbruch – wieder in den Hafen der Ruhe eingehen zu können.
Ohne diese konkrete Gebetsmethode geschieht es, daß unser unwissender und von Schwierigkeiten immer wieder gehinderte Geist herumirrt und ungelenkt hin- und hergeworfen wird. Nicht einmal das, was ihm durch Zufall ohne eigenes Dazutun geschenkt

wird, kann unser Geist lange festhalten, da er nur in der Lage ist, das eine oder das andere nacheinander aufzunehmen, ohne den Eingang und Anfang sowie das Ende und das Vergehen der Gedanken wahrzunehmen.

9. Ein erster Blick auf das Geheimnis

Wer den Gedanken bis hierher gefolgt ist und sie intensiv in sich aufnahm, ist dem ersehnten Ziel bereits sehr nahe. Dem wirklich Suchenden, der sich bereits tief mit dieser Thematik beschäftigt hat, sind die vielen offenen Fragen ein Herzensanliegen. Nur er könnte überhaupt in der Lage sein, die Inhalte zu verstehen oder diese gar zu beurteilen. Ein verantwortungsbewußtes Umgehen mit diesen Fragen sowie eine sensible Auseinandersetzung hiermit sind Grundlagen für das Verstehen der weiteren Wegbeschreibung.
Das innere Anliegen, sein Leben natür-lich zu gestalten und zu führen, ist ebenso Voraussetzung dafür, daß sich weitere Türen auf dem Gebetsweg öffnen.

✧ *Was habe ich unter »natür-lich« zu verstehen?*
Ist dies nicht eine jeweils subjektive Sichtweise?
Das, was für mich natürlich ist, ist oft verschieden von dem, was ein anderer als natürlich ansieht.
Das Ruhegebet ist etwas sehr Individuelles und daher auch in der Ausführung subjektiv.
Die Meditation sensibilisiert mich, den nächsten und wichtigen Schritt für meine körperliche, seelische und geistige Entwicklung zu erkennen. Ich kann damit rechnen, daß sich mein Leben auf natürliche, d.h. für mich jeweils angemessene Weise umgestaltet. Voraussetzung ist allerdings das innere Anliegen, meinen individuellen, natürlichen Lebensweg zu erspüren.✧

Wenn wir die Türschwelle zum Ruhegebet überschritten haben, können wir mit dem bereits Erfahrenen einiges von der tiefer liegenden Bedeutung des Gebetes erahnen oder gar erkennen. Es wird keiner großen Anstrengung mehr bedürfen, den Suchenden unter der Führung des Heiligen Geistes in das innerste Wesen der Meditation einzuführen, so daß es nun im Annehmen und Verstehen des nächsten Schrittes keine Schwierigkeiten geben wird.

Der, der klar erkennt, um was es wirklich geht, und der, der einzusehen beginnt, was ihm an Wissen noch fehlt, ist seinem Ziel ganz nahe.

Nach all dem, was in den voraufgehenden Ausführungen über die Meditation gesagt wurde, darf nun von der erforderlichen Reife und dem Vorhandensein des notwendigen Wissens ausgegangen werden, um konkreter über den zentralen Kern des Ruhegebetes zu sprechen – obwohl die weitere Begleitung eines sich auf dieser Stufe befindlichen Suchenden verzichtbar wäre, denn allein Gottes Gnade würde ihm die Geheimnisse des Ruhegebetes erschließen.

✧ *Ich persönlich glaube nicht, das Ruhegebet ohne weitere Begleitung erlernen zu können. Die bisherige Anleitung ist für mich nicht ausreichend.*

Da Cassian vorgeworfen wurde, ein Gegner der augustinischen Gnadenlehre zu sein, tritt er an manchen Stellen bewußt und feinfühlig mit seinen Anweisungen zurück, um dem Wirken Gottes Raum zu geben. Hierin ist auch eine gewisse Bescheidenheit des Johannes Cassian zu sehen. Sie werden feststellen: Er verzichtet nicht auf weitere, ganz konkrete Hinweise.✧

10. Vom Geheimnis der Entgrenzung

Der rechte Einstieg in die konkrete Anleitung zum Praktizieren des Ruhegebetes kann am einfachsten mit elementaren Lernschritten verglichen werden:
Besteht der Wunsch, eine Fremdsprache wie z.B. Griechisch zu erlernen, ist der Schüler bei Unterrichtsbeginn nicht sofort in der Lage, Grundelemente zu erfassen, Zusammenhänge zu erkennen oder mit sicherer Hand Buchstaben zu schreiben. Er besitzt die Fähigkeit zum Schreiben dieser fremden Buchstaben erst dann, wenn er die Formen lange genug in sich aufgenommen und täglich geübt hat; mit der Grammatik vermag er erst dann richtig umzugehen, wenn ihm die Formeln bekannt sind.
Das gleiche gilt auch für das geistliche Leben. Um das Ruhegebet zu erlernen, wird eine einfache Formel gegeben, die man zunächst lernend ganz in sich aufnimmt.
Auf sie lenkt der Meditierende ständig seinen inneren Blick. So wird diese Formel mehr und mehr dem Geist zu eigen. Nach dem Erwägen wird sie dann nur noch ohne das Hinzutun eigener Gedanken innerlich wiederholt. Dieser Vorgang, der keine aktive Betrachtung mehr ist, bewirkt im Meditierenden eine heilsame Veränderung und führt langsam in neue Dimensionen des Seins und damit zu höheren Bewußtseinszuständen.

✧ *Was ist konkret mit »Erwägen« gemeint?*
Wie kann die Formel anschließend innerlich immer wiederholt werden, wenn doch meine Gedanken ausgeschaltet sind?

Wenn eine Formel mit einem Sinnzusammenhang gegeben wird, die ich als Gebet anwenden soll, wird sie zunächst mündlich und dann nur noch in Gedanken wiederholt. Der aktive und gleichzeitig zur Kreativität neigende Geist ist erst einmal damit beschäftigt, den Inhalt des Gebetes zu erfassen, zu denken, zu assoziieren: Analogien, Erinnerungen, Vorstellungen, Zusammenhänge wie auch Fragen werden sich einstellen.

Dieses Ausloten ist mit »Erwägen« gemeint, ist aber sehr bald ausgeschöpft und läßt den Geist zur Ruhe kommen.
Beim richtigen Gebrauch der Gebetsformel, die im einfachen inneren Wiederholen besteht, füge ich von mir aus bewußt keine neuen Gedanken hinzu, sondern nehme alles, wie es kommt. ✧

Die zum Ruhegebet gehörende Formel ist ein aus ganz alter Tradition stammendes Gebet, das allen, die diese Gebetsweise übten und üben, gleich wesentliche Erfahrungen vermittelt:

- Durch das innerliche Sprechen, das nicht nur in Gedanken geschieht, sondern mehr und mehr mit dem Herzen, nimmt die vielfältige Gedankenaktivität des Meditierenden ab.
- Er erlebt zunächst, daß er frei wird von übergroßen persönlichen Belastungen und Sorgen.

Das tiefgründige Wissen um die Meditation wurde bereits von den ältesten Wüstenvätern als kostbarstes Gut angesehen und entsprechend nur an diejenigen weitergegeben, die mit einer übergroßen Sehnsucht einen Weg der geistlichen Entwicklung suchten.

✧ *Ist man nicht verpflichtet, alle Möglichkeiten, Gott zu erfahren, jedem Menschen zugänglich zu machen?*
Warum »geizten« die Wüstenväter mit der Weitergabe dieses Wissens?

Ihre erste Frage ist voll mit Ja zu beantworten. Für viele Menschen ist es allerdings sehr schwer zu begreifen, daß – je näher sie an die letzte Wahrheit herangeführt werden – alles sich so sehr vereinfacht, daß man es nicht für möglich hält. Hier besteht die große Gefahr, die Wahrheit nicht mehr ernst zu nehmen, da man meint, das Wesentliche müsse komplizierter sein und geleistet werden.
Es tut sehr weh, Menschen zu erleben, die mit etwas sehr Kostbarem, das anderen unendlich wertvoll ist, grob und fahrlässig umgehen.
Nach langen Vorbereitungen und Prüfungen wurden darum die Schüler – dem Stand ihrer eigenen Erfahrungen entsprechend – in die tieferen Geheimnisse des Gebetes und des Glaubens eingeführt. ✧

Dem Suchenden, der tief in seinem Herzen nach dem Einssein mit Gott verlangt, wird diese Gebetsformel (formula pietatis) anvertraut:

Gott, komm mir zu Hilfe.
Herr, eile mir zu helfen!
Deus, in adiutorium meum intende.
Domine, ad adiuvandum me festina.
(Ps 70,2)

✧ *Muß es diese Formel sein oder gibt es noch andere?*
Cassian gibt zwar nur diese eine Formel an, schließt aber andere nicht aus. Im Laufe der Jahrhunderte haben sich viele Gebetsformeln herauskristallisiert – bis hin zum »Jesusgebet«. Andere Anrufungen:
»Herr, Jesus Christus, erbarme dich meiner«,
»Kyrie eleison«, »Jesus Christus«, »Maranatha« … ✧

Daß gerade dieser Vers aus dem großen Reichtum und der Weisheit der Heiligen Schriften ausgewählt wurde, ist kein Zufall, denn er umfaßt alle Regungen, Stimmungen und Bedürfnisse, die im menschlichen Leben vorkommen:
- Eine Anrufung Gottes in Situationen seelischer Bedrängnis und Gefahr,
- die Demut eines gläubigen Bekenntnisses,
- Wachheit in Verantwortung und Ehrfurcht,
- die Hilfs- und Erlösungsbedürftigkeit des Menschen,
- das Vertrauen auf Erlösung,
- die Zuversicht, zu jeder Zeit beschützt zu werden, denn wer immer wieder seinen Beschützer anruft, ist überzeugt, daß dieser stets gegenwärtig ist,
- die Zuneigung und Liebe,
- das Eingestehen möglicher Gefährdungen,
- das Bekenntnis, sich ohne die Hilfe Gottes nicht von Krankheit und psychischem Druck befreien zu können.

Durch das Praktizieren des Ruhegebetes wird der Meditierende auf die Dauer psychisch stabiler und mehr immun gegen Negativität. Denjenigen, deren Leben sinnentleert ist oder die Angst vor der Wirklichkeit haben sowie alle, die unter bedrückender Traurigkeit oder Depressionen leiden, wird ein sicheres Gefühl von Angenommensein geschenkt, wenn sie in der Anrufung Gottes eine der wesentlichsten Grunderfahrungen machen dürfen, letztlich in ihrer Not nicht alleingelassen zu sein. Jedem wird die Gewißheit vermittelt, daß Er um unsere Schwierigkeiten weiß, stets gegenwärtig ist und uns begleitet.

✧ *Depressionen gelten heute als Krankheiten. Heißt das, daß ich mir – wenn ich das Ruhegebet praktiziere – den Arztbesuch sparen kann?*
Nein, auf keinen Fall. Ein depressiver Mensch gehört in ärztliche Behandlung. Die Meditation kann jedoch – in Absprache mit dem Arzt – den Heilungsprozeß unterstützen. ✧

Durch die regelmäßige Meditation wird aber auch ein ungutes Zuviel abgebaut: Überheblichkeit schwindet, Erfolgserlebnisse werden richtig eingeordnet, Ausgelassenheit kennt ihre Grenzen und Einbildung löst sich auf.

✧ *Das hört sich alles recht gut an. Gibt es wirklich solche Erfahrungswerte?*
Ja ✧

Der Meditierende spürt ganz klar, daß er den sich langsam ausbreitenden angenehmen Zustand während des Ruhegebetes nicht bewußt festhalten kann, ist und bleibt er doch eine freie Gabe Gottes.

In der Anrufung

> »Gott, komm mir zu Hilfe« schwingt das tiefe Anliegen, auf dem Weg der individuellen Entwicklung weiter fortschreiten zu dürfen;

in der Anrufung

> »Herr, eile mir zu helfen« liegt der verborgene Wunsch, die Defizite mögen ausgeglichen und ein Zuviel abgebaut werden.

✧ *Vielleicht mag das später einmal so sein, wenn der Entwicklungszustand fortgeschritten ist.*
Assoziiert man aber nicht zunächst einmal mit diesen Worten die Bitte um Hilfe bei Problemen hier und jetzt?
Das eine schließt das andere nicht aus.
Ein Lehrer wird immer seinem Schüler ein höheres Ziel vor Augen führen …✧

Diese einfache Art der Meditation ist so umfassend und wirksam, daß sie für jeden, unabhängig davon, welche äußeren und inneren Voraussetzungen gegeben sind oder in welchen Lebenssituationen er sich befindet, not-wendig, sinngebend und von richtungsweisender Bedeutung sein kann.
Mit der Anrufung bezeugt der Beter, daß er Gott als seinen Helfer und Heiland anerkennt und ständig neu seine Liebe benötigt – sowohl in harten und traurigen Zeiten als auch in Zeiten der Zufriedenheit und des Erfolgs. Aus Tiefen herausgezogen, in der rechten Mitte bewahrt zu bleiben und von ungesunden Höhen wieder auf den lebenswahrhaftigen Grund zurückgeführt zu werden, ist Grundanliegen eines jeden Menschen, der in seiner Begrenztheit alle Zeit auf die Hilfe und Barmherzigkeit Gottes angewiesen ist.

Der Mensch stößt immer wieder schmerzlich an seine eigenen Grenzen. Das Ruhegebet bietet eine Möglichkeit zur heilsamen Entgrenzung:

Konsum

Wenn ich derart in den Konsum verstrickt bin und durch unangemessenes Verhalten gegen meinen eigenen Willen nach immer größerer Befriedigung suche …

Gott, komm mir zu Hilfe.
Herr, eile mir zu helfen!

Ungeduld

Kann ich den rechten Zeitpunkt nicht abwarten oder verlange ich übermäßig viel …

Gott, komm mir zu Hilfe.
Herr, eile mir zu helfen!

Ernährung und Sexualität

Wenn es mir nicht gelingen will, die Art meiner Ernährung meiner spirituellen Entwicklung anzupassen – entsprechend auch meine Sexualität …

Gott, komm mir zu Hilfe.
Herr, eile mir zu helfen!

Wertschätzung des Körpers

Bin ich versucht, die lebensnotwendigen Bedürfnisse meines Körpers zu unterdrücken oder zu vernachlässigen …

Gott, komm mir zu Hilfe.
Herr, eile mir zu helfen!

Erfüllung der Aufgaben

Werde ich von meiner eigentlichen Aufgabe durch Störungen psychischer oder physischer Art wie Kopfschmerzen, Streß, Übermüdung abgehalten oder laufe ich Gefahr, mehr Freizeit als notwendig zu nehmen …

Gott, komm mir zu Hilfe.
Herr, eile mir zu helfen!

Unruhe

Kann ich aufgrund von Konflikten, ungelösten Problemen oder Spannungen keine Ruhe finden, bin ich erschöpft und ohne Energie …

Gott, komm mir zu Hilfe.
Herr, eile mir zu helfen!

Sexualität

Gewinnt meine Sexualität eine zu große Bedeutung und verlangt mein Körper ein ständiges Nachgeben, was zu einem mich beherrschenden triebhaften Verhalten führt …

Gott, komm mir zu Hilfe.
Herr, eile mir zu helfen!

Gesunde Mitte

Wurde mir die für mich persönlich rechte Mitte in meinem sexuellen Fühlen, Denken und Handeln geschenkt, und ich möchte sie gern bewahren …

Gott, komm mir zu Hilfe.
Herr, eile mir zu helfen!

Ungesteuerte Emotionen

Kann ich nicht mit meiner Aggressivität umgehen, beherrscht Geld mein Denken, komme ich nicht aus einem seelischen Tief und meine Ausgeglichenheit wird hierdurch erheblich gestört, ist es mir aber möglich, aus diesen ungesteuerten Emotionen zur inneren Ruhe zu kommen …

Gott, komm mir zu Hilfe.
Herr, eile mir zu helfen!

✧ *Ich bin begeistert – jedoch scheint es mir fast unglaublich, welche Erfahrungen ich durch ein so einfaches Gebet machen kann.*

Alle, die diesen Meditationsweg gehen, bestätigen die Erfahrungen.

Cassian hat eine Summe von Anliegen aufgeführt, die natürlich nicht alle und sofort erfüllt werden. Er will durch die Vielfalt der Situationen, in denen wir Hilfe erbitten, die Notwendigkeit des Ruhegebetes für jeden Menschen herausstellen.

Die durch die Ruhe für Körper, Geist und Seele freiwerdende Kraft strömt zunächst ganz von selbst zur Unterstützung und Heilung in den Lebensbereich, der überstrapaziert und am meisten gefährdet ist. Kraft muß nicht gleichbedeutend mit »Aktion« sein; sie kann sich auch in einer Ausgewogenheit oder einer angemessenen Sichtweise zeigen.

Beispiele:

- Hatten Sie über einen längeren Zeitraum zu wenig Schlaf, wird sich unweigerlich in der Meditation zunächst ein Schlafbedürfnis einstellen. Auf dieser feineren Ebene der Wahrnehmung signalisiert das Nervensystem sein Defizit.
- Emotionen, die ein falsches Bild von einem Sachverhalt vermitteln, lösen sich in der Ruhe der Meditation auf, so daß das Problem unbefangen und rational angegangen werden kann. ✧

Überheblichkeit

Bin ich launisch, schleicht sich das Verlangen ein, mir einen besonderen Namen zu machen oder werde ich gar überheblich, bin ich versucht, mich für besser oder wertvoller als andere zu halten, so kann ich wieder zu einem gesunden Selbstbewußtsein und zur Achtung der anderen zurückfinden …

Gott, komm mir zu Hilfe.
Herr, eile mir zu helfen!

Gefahr des Rückschritts

Wenn ich mein gesundes Selbstbewußtsein und eine natürliche Bescheidenheit wiedererlangt habe, gilt es, den verlockenden Rückfall in die Überheblichkeit zu verhindern, um nicht den hiermit verbundenen Rückschritt in meiner Entwicklung schmerzlich zu erfahren ...

Gott, komm mir zu Hilfe.
Herr, eile mir zu helfen!

Schwäche der Konzentration

Ich kann mich nicht mehr konzentrieren; meine Gedanken schweifen ständig ab. Ich bemühe mich mit aller Kraft, gegen irreführende Illusionen und Flatterhaftigkeit anzukämpfen – selbst während des Betens gehen meine Gedanken in die verschiedensten Richtungen. Fühle ich deswegen eine solche Leere in mir, daß mein Geist nicht zu sich finden kann ...

Gott, komm mir zu Hilfe.
Herr, eile mir zu helfen!

Beständigkeit

Merke ich, daß ich durch eine besondere Gnade innerlich wieder gefestigt bin, daß mein Denken klar und beständig wird, daß ich mich nicht nur heiter, sondern wirklich glücklich fühle – verspüre ich einen Fortschritt in meiner geistigen Entwicklung oder werden mir aufgrund meiner zunehmenden Reife verborgene Wahrheiten offenbar, verlangen meine Seele, mein Geist und mein Körper Kontinuität …

Gott, komm mir zu Hilfe.
Herr, eile mir zu helfen!

Trugbilder

Leide ich unter zwanghaften Vorstellungsbildern oder fesselt mich eine Ideologie und wird mir dadurch die Hoffnung auf Heilung und die Zuversicht in das Leben an sich genommen …

Gott, komm mir zu Hilfe.
Herr, eile mir zu helfen!

Energie

Ich habe eine Durststrecke überstanden und fühle mich durch die Kraft des Heiligen Geistes gestärkt – mir ist ein neues Kraftpotential zugänglich, ich verspüre den Mut, sogar unangenehmste Probleme, vor denen ich mich vorher fürchtete, anzugehen und zu bewältigen. Damit dieser Mut und diese Kraft in mir bleiben …

Gott, komm mir zu Hilfe.
Herr, eile mir zu helfen!

Das Ruhegebet ist also regelmäßig zu beten, um immer wieder zur Mitte zu finden: in Zeiten der Be-lastung zu unserer Be-freiung, in glücklichen Zeiten zur Bewahrung dieses Zustandes, und immer, damit wir täglich neu aus dieser Kraftquelle schöpfen können. Die Gebetsformel wird zunächst gedanklich wiederholt, bis sie dann allmählich zu einer eigenen Schwingung des Herzens wird.

✧ *Daß ich durch dieses stereotype Wiederholen in einen Zustand versetzt werden kann, der mir unbekannt ist, wirkt auf mich beängstigend. Hat das nicht Ähnlichkeit mit einer Selbsthypnose?*

Meditation ist ein Aufbruch von Geist und Seele, der schon einen gewissen Vertrauensvorschuß verlangt. Cassian sagt, daß und wie wir uns auf Gott verlassen dürfen. Alles, was geschieht, wird zu unserem Heil. Wer könnte da noch von Angst sprechen?

Durch die Meditation werden wir in keinen fremden Zustand versetzt. Wir werden anschließend feststellen, daß – obwohl unser Wille nicht aktiv war – wir weder fremdgesteuert noch manipuliert wurden.

Trotzdem: Dieser Zustand wird Ihnen nicht fremd, sondern vertraut vorkommen.

Die Gebetsformel besteht immer in einer Anrufung Gottes, und im Namen Gottes ist Heil.

Damit das durch die Ruhe ausgelöste innere Geschehen wie auch die Ruhe selbst in einem ausgewogenen Verhältnis zu unserem aktiven Leben stehen, sollte eine Meditationszeit von zweimal 20 Minuten am Tag nicht überschritten werden.

Neben der Angst sprechen Sie auch etwaige Parallelen zur Selbsthypnose an. Bekanntlich können wir Körper und Geist und deren Reaktionen durch schnelles, ständiges und rhythmisches Beeinflussen in einen gewollten Zustand versetzen. Wenn wir zum Beispiel einige Minuten sehr schnell und rhythmisch ein- und ausatmen, wird uns schwindlig; reden wir uns ständig etwas ein, kann das negative Folgen haben.

Bei der Meditation ist das völlig anders. Wir streben keinen gewollten Zustand an, wir wiederholen die Gebetsformel nicht schnell und rhythmisch, wir halten sie nicht in strengen Gedanken fest. Absichtslos, ohne irgendeine Erwartung oder Vorstellung wird die Formel feiner und feiner, bis sie sich ganz verflüchtigt – um wieder neu aufgenommen zu werden.

Im Ruhegebet rufen wir Gott in seinem großen Erbarmen an. Er wird zu unserer Mitte, nicht unser Ego. Wenn wir uns vertrauend auf ihn verlassen und ihn zulassen, dürfen wir alles von ihm erwarten. ✧

In der Meditation stabilisiert sich dann nach und nach eine innere Ruhe, die mir auch außerhalb meiner eigentlichen Meditation als Kraftpotential zur Verfügung steht:
bei jeder Aktivität, bei jeder Arbeit, bei jeder außergewöhnlichen Belastung.
Es entwickelt sich ein Verantwortungsgefühl für einen natürlichen, angemessenen Umgang mit meinem Körper, so daß sich zudem ein tiefer und erholsamer Schlaf von selbst einstellt.
Die aus den Meditationen gewonnene Ruhe kann mir nicht nur helfen, meinen Alltag kraftvoller und sicherer zu bestehen, sondern sie schenkt auch das Gefühl der letzten Geborgenheit in Gott und somit Mut zum Loslassen in der Sterbestunde.
Bei der Einführung in das Ruhegebet erhalte ich eine bestimmte Formel (formula pietatis) und die Anleitung, sie richtig anzuwenden, um sie in der Tiefe des Herzens zum Schwingen und letztlich zum Schweigen zu bringen. Mit dem Ruhegebet besitze ich eine lebensunterstützende und wunderbare Kraft, die mich stärkt gegen schädigende Einflüsse jeglicher Art und mich stabilisiert. Wie in einem inneren Reinigungsvorgang werde ich von allem befreit, was nicht zu mir gehört und meinem Entwicklungsweg nicht entspricht. Das Gebet wird mehr und mehr im Fortschreiten auf Gott zu einem unaussprechlichen Schwingen, und es entgrenzt mich auf sein liebendes Entgegenkommen und seine unendliche Barmherzigkeit.

✧ *Was könnte – beispielhaft – nicht zu mir gehören und meinem Entwicklungsweg nicht entsprechen?*
Alles, was mich hindert zu leben, mich unfähig macht zu lieben, Angst und Zweifel in mir verursacht und mir die Liebe der anderen und damit auch die Liebe Gottes entfremdet. ✧

Die Urschwingung, die durch die Wiederholung der Gebetsformel im Herzen lebendig und bewußt wird, läßt die Gegenwart Gottes transparenter werden und möchte ständig in mir bleiben: sie ist mir nahe, wenn ich mich zum Schlafen niederlege – bis sie mir auch einmal während des Schlafes ganz bewußt ist.
Ich werde von ihr erfüllt sein, wenn ich vom Schlaf zur Aktivität wechsele, und es wird in mir – ohne bewußtes Dazutun – das andauernde Gefühl der Dankbarkeit entstehen. Diese Schwingung des Herzens wird mein weiteres Fühlen, Denken und Handeln jederzeit begleiten.

Ein Gebot Gottes erfüllt sich (Dtn 11,18-21): Ich werde beständig im Gottesbewußtsein leben,
– gleichgültig, wo ich mich befinde,
– gleichgültig, ob mein Geist aktiv oder inaktiv ist,
– ich werde von Ihm sprechen,
– ich werde anderen Menschen von meinen Erfahrungen berichten,
– ich werde Ihn in meinem Inneren bewahren.

Durch das Ruhegebet erfahre ich bereits in meinem irdischen Leben eine Entgrenzung auf Gott hin – mein Leben wird zu einem beständigen, immerwährenden Beten.

✧ *Besteht nicht die große Gefahr, in der Meditation das Raum- und Zeitgefühl zu verlieren?*

Mit zunehmender Meditationspraxis kann während der Meditation das begrenzte Gefühl von Raum und Zeit schwinden. Wir verlieren, um zu gewinnen. Diese paradoxe Aussage kann man nur durch eigene Meditationserfahrung wirklich belegen. Wir brauchen jedoch keine Sorge zu haben: Nach der empfohlenen und eingeübten Zeit kommen wir wieder ganz von selbst aus der Meditation heraus. ✧

11. *Entgrenzung erfahren*

Nachdem das Ruhegebet in unserem Bewußtsein verankert ist und es durch die stetige Anwendung und Wiederholung in der Meditation bewirkt, daß die gedankliche Aktivität abnimmt und aller geistige Besitz losgelassen wird, kann der Geist ganz einfach und leicht in der strengen Armut dieser kurzen Anrufung schwingen, bis jener Glückszustand erreicht ist, den das Evangelium »selig« nennt. So ist auch die erste Seligpreisung zu verstehen: »Selig sind die Armen im Geiste, denn ihrer ist das Himmelreich« (Mt 5,3).
Wer diese Armut im Geiste erlangt hat, für den erfüllt sich das Wort: »Arme und Gebeugte werden rühmen den Namen des Herrn« (Ps 74,21).

✧ *Die »Armut im Geiste« kann sich doch nur auf die Zeit der Meditation beziehen. Wirkt sich diese Armut auch auf unser Verhalten im Alltag aus?*
In der Meditation leben, ja atmen wir diese Armut immer mehr. Es ist die einfache, in sich selbst schwingende Ruhe, die den Reichtum der ganzen Schöpfung in sich enthält, die Ruhe, von der am 7. Schöpfungstag Gott selbst spricht. Wenn sie in uns lebendig wird, können wir sie in ihrem ganzen Reichtum aktiv erfahren; natürlich ganz individuell und entsprechend unserer jeweiligen Lebenssituation. ✧

Kann es eine größere Armut geben als diese, in der wir erkennen, daß wir aus uns selbst kraftlos sind und darum fremder Hilfe bedürfen? Hängt doch unser ganzes Leben und Wesen in jedem Augenblick und letztlich von Gott und seiner liebenden Zuwendung ab: »Ich bin arm und gebeugt; der Herr aber sorgt für mich! Meine Hilfe und mein Retter bist du. Mein Gott, säume doch nicht!« (Ps 40,18)
Der Untenstehende wird langsam aufsteigen und auf vielfältige Weise die Spuren Gottes erkennen, wobei Gott selbst ihn erleuchtet und ihn einführt in tiefe und noch verborgene Schöpfungszusammenhänge. Ein Psalmwort drückt das treffend aus: »Die hohen Berge gehö-

ren den Hirschen, die Igel finden Zuflucht in den Felsspalten« (Ps 104,18).
Um wie der Hirsch zu den höchsten Höhen zu gelangen, wird der Meditierende zunächst »Erdung« erfahren müssen – dem Igel vergleichbar.

✧ *Erdung in der Meditation? Was heißt das?*
Erlebe ich diese Erdung nicht permanent im Alltag?
Durch die Meditation wächst neben der Sensibilität eine klare Realitätsbezogenheit (Erdung).
Hätten wir ständig beide Füße am Boden und eine gute Standfestigkeit, würden wir uns bei Enttäuschungen, Mißerfolgen oder Problemen ganz anders behaupten können.
Die Wurzeln eines Baumes sollten fest und tief in der Erde verankert sein, damit er Stürmen widerstehen kann, selbst wenn er zu einer großen Höhe herangewachsen ist. ✧

Die Meditationserfolge dieser ersten Phase bilden das Fundament für einen weiteren Aufstieg:
- Vertrauen,
- Unbefangenheit,
- Beständigkeit,
- Abbau des Egoismus,
- Belastbarkeit,
- Genügsamkeit,
- Verminderung der Lebensangst,
- Geborgenheit,
- Vertiefung des Glaubens.

Der Spruch Salomons »Igel sind ein Volk ohne Macht, und doch bauen sie ihre Wohnungen im Fels« (Spr 30,26) symbolisiert die Notwendigkeit der Erdung als Grundlage.
Die Meditation setzt die Persönlichkeitsentwicklung stärker in Gang. Das sich Rechtfertigen und sich Verteidigen hört auf. Belastende,

übergroße Aufregungen und Beleidigungen werden ausgeglichener erlebt und hinterlassen keine Spuren mehr. Außenstehende können diese sogenannte Machtlosigkeit zunächst nicht begreifen.
Auf den weiteren Stufen dieses Gebetsweges erfährt der Meditierende mehr einen geistigen Fortschritt. Sein Verstehen größerer Zusammenhänge und seine aus Intuition erworbene Klugheit lassen die eigenen Grenzen transparent werden und erweitern langsam sein Bewußtsein – vergleichbar dem Hirsch, der aufsteigt, um lohnendere Weideplätze zu finden.

✧ *Kann durch die Meditation ein Reifegrad eintreten, wie man ihn sonst nur durch prägende Lebenserfahrungen erreicht?*
Ja. In der Meditation werden wesentliche Seinserfahrungen auf feineren und tieferen Ebenen gemacht, die später zu Gottesbegegnungen in der eigenen Seele werden. Der innere und der äußere Weg des Menschen hängen unmittelbar zusammen. Nur, wenn beide konsequent gegangen werden, entwickelt sich eine reife Persönlichkeit. ✧

Demjenigen, dem sich diese geistigen Höhen offenbaren, erschließen sich die Heiligen Schriften wie von selbst, denn ihre Wahrheit erlebt er nun als die eigene. Die Psalmen sind für den Meditierenden dann Gebete seines eigenen Herzens im Hier und Jetzt, nicht mehr gebunden an Situationen in Raum und Zeit. Die tiefsten Geheimnisse der Heiligen Schriften offenbaren sich uns viel klarer, wenn durch eigene Erfahrungen der notwendige Grundstein gelegt ist, auf dem dann folgerichtig eine intellektuelle Auslegung aufbauen kann.
Findet die Schwingung unseres Herzens einen Gleichklang zu den Aussagen der Heiligen Schriften, erkennen wir die jeweils zum Ausdruck gebrachte tiefe Wahrheit in uns selbst wieder, so daß uns das erhebende Gefühl überkommt, der Verfasser zu sein. Durch Entgrenzung unseres Bewußtseins auf die letzte Wahrheit hin nehmen wir förmlich das Verständnis schon voraus, so daß wir früher die Wirkung der Worte empfangen als ihre Kenntnis durch das Lesen.

✧ *Ist hiermit nicht die Gefahr der eigenen Überschätzung verbunden?*
Wir können niemals über der Wahrheit, sondern nur in der Wahrheit stehen, wenn wir durch Hingabe stärker die alles umfassende Liebe verspüren dürfen. Wir begegnen Wahrheiten auf verschiedenen Ebenen, mit denen wir – unserer Erkenntnis entsprechend – dann in enger Verbindung stehen. Dieses wachsende Verbundensein mit allem in der Schöpfung und dem Schöpfer geschieht in dankbarer Liebe und Bescheidenheit. ✧

Das Lesen und Erwägen der Heiligen Schriften bestätigt uns dann gleichsam den Wahrheitsgehalt im Hinblick auf unsere persönliche Entwicklung und unsere Erfahrung im Alltag.

Dieses Wiedererkennen führt zu einer differenzierten Wahrnehmung und macht deutlich,
- wie oberflächlich wir oftmals waren,
- was wir durch bedachtes Handeln erreicht haben,
- welche großen Gnadenzuwendungen wir erhalten,
- wie wir manipuliert wurden, und welchen Schaden wir dadurch erlitten,
- was uns verloren ging, weil wir es vergaßen,
- welche Möglichkeiten wir ungenutzt ließen,
- was wir uns selbst durch menschliche Schwäche angetan haben,
- wie wir aufgrund mangelnder Erkenntnis und Unreife ent-täuscht wurden.

In den Psalmen erkennen wir wie in einem reinen Spiegel diese innerpersönlichen, zwischenmenschlichen und transzendenten Prozesse wieder und können sie somit besser verarbeiten und umsetzen. Der Sinn der Psalmen geht uns nicht durch das Lesen des Textes auf. Er ist für uns be-greifbar geworden, da er inhaltlich nicht nur in unseren Gedanken nachvollzogen wurde, sondern bereits vor dem Lesen in unserem Inneren zur lebendigen Wahrheit geworden ist.

Diese Erfahrung der lebendigen Wahrheit in uns wird durch die Übung des Ruhegebetes auf einer ganz reinen Ebene des Geistes grundgelegt. Von hier aus steigen dann alle Gebete zu Gott auf, aus der Armut des Geistes und einem reinen Herzen.
Dieser reine und stille Seelengrund, der durch das Ruhegebet transparent und verfügbar wird, beinhaltet überhaupt keine Vorstellungsbilder und Gedanken mehr. Und folgerichtig nimmt auch während der Meditation jegliche bildliche Vorstellung, alle Gedankenaktivität ab, und der Meditierende wird – wie von selbst – in tiefere Schichten geführt. Unser Geist und unser Herz sind so erfüllt von Glück und tiefer Freude, da sie sich jenseits aller Gedanken und Relativität in einem Zustand der grenzenlosen Hingabe an Gott befinden.

✧ *Wie kann einerseits jede bildhafte Vorstellung und Gedankenaktivität abnehmen – uns andererseits aber deutlich werden,welche Möglichkeiten wir ungenutzt ließen, was wir durch bedachtes Handeln erreicht haben usw. usw.?*
Die Meditation führt uns durch Hingabe in die Nähe Gottes, den ruhevollen Beweger, ohne daß wir selbst aktiv sind. Aus der tiefen Ruhe und dem Schweigen kommend, können wir sinnerfüllt unsere Aufgaben angehen und sie kreativ bewegen.
Nahezu in allen Lebensbereichen finden wir eine Polarisierung: Ruhe und Aktivität, Mann und Frau, Tod und Auferstehung …
Beginnen wir ausgeruht einen neuen Tag, erscheinen uns Probleme nicht so gravierend. Wir gehen sie tatkräftig, positiv denkend an.✧

12. Was kann vollkommener sein?

Es wurde intensiv und wiederholt nicht nur über die Hinführung und Anleitung zum Ruhegebet gesprochen, sondern auch über die fortschreitende Entwicklung des Meditierenden in der Entgrenzung auf Gott.

Was in der Tat kann vollkommener oder höher sein als die Bewußtwerdung Gottes in einer so kurzen Meditation zu erreichen und sogar durch das Dahin-strömen-Lassen eines einzigen Verses alle sichtbare Begrenztheit zu überschreiten und gleichsam alle Gebetszustände in kurzen Worten zusammenzufassen?
Etwas sehr Wichtiges sollte jetzt am Schluß noch einmal besonders hervorgehoben und erklärt werden:
Wie können wir die uns in der Meditation geschenkte Ruhe bewahren sowie die gewonnene Kreativität anwenden und es somit vermeiden, durch geistige Unruhe und stetes Umherschweifen der Gedanken an der Erfüllung unseres Lebens vorbeizugehen, die uns durch Gottes Gnade eigentlich zuteil werden könnte?

✧ *Wie sollten wir bei der Meditation mit Ablenkungen umgehen?*
Kommen die Ablenkungen von außen, unterbrechen wir die Meditation, nehmen sie aber so bald wie möglich wieder auf.
Ablenkungen wie z.B. Geräusche, die wir nicht abstellen können, sind Anfragen an unsere innere Stabilität. Um diese Beeinträchtigung sollten wir uns nicht kümmern und der Gebetsformel den Vorrang geben.
Ebenso sollten wir es auch mit Gedanken, Vorstellungsbildern und Gefühlen handhaben. Wir schenken ihnen keine Beachtung, kehren zur Gebetsformel zurück und wiederholen sie innerlich.✧

13. Unruhig ist unser Geist

Wir haben eine Aufgabe zu lösen, eine Pflicht zu erfüllen oder eine Arbeit auszuführen und merken nach einiger Zeit, daß unsere Gedanken ganz von selbst andere Wege gehen. Und wieder geschieht das gleiche. Unsere Gedanken springen zum nächsten Thema. Bei diesem ständigen Wandern des Geistes wird keine Sache richtig zu

Ende geführt oder ausgedacht. Entweder sind es Erinnerungen oder in die Zukunft gerichtete Erwägungen, die das Gegenwärtige verdrängen. Unsere Gedanken finden keine Ruhe. Unstet wechseln sie wiederum ihre Richtung und flattern zum nächsten momentan scheinbar wichtigeren Thema.

✧ *Woran kann es liegen, daß wir uns – selbst bei der Beschäftigung mit existentiell wichtigen Dingen – oft nur schwerlich konzentrieren können?*

Konzentration heißt, unseren Geist auf nur einen bestimmten Punkt zu richten und alle Störfaktoren auszuschalten.

Infolge einer Überfülle verschiedenster Einflüsse oder Probleme, starkem Zeit- und Leistungsdruck, fällt es unserem Geist schwer, bei nur einer Sache zu bleiben. Von Natur aus möchte er sich in angenehmen und schönen Situationen aufhalten, in die er gerne flüchtet. Dies sollten wir ihm auch als kreative Pausen erlauben, denn hieraus gestärkt, kann er sich besser, länger und mit Erfolg auf die jeweils anstehende notwendige Aufgabe konzentrieren.

Dies gelingt durch das Ruhegebet wesentlich besser – wie immer wieder berichtet wird. ✧

Beim Beten, Hören und Erwägen der biblischen Texte geht es ähnlich: von Gebet zu Gebet, von der Lesung zum Evangelium, vielleicht vom Alten Testament und den Propheten zu unpassenden persönlichen Situationen und Gedanken. Selbst mit großer Willensanstrengung scheint es uns oft nicht zu gelingen, störende Gedanken auszuschalten, wichtige Inhalte zu bewahren, zu durchdenken und weiterzuverfolgen.

Unser unsteter Geist wird selbst in wichtigsten Lebenssituationen immer wieder vom eigentlichen Thema, welches hier und jetzt ansteht, abgezogen, da wir uns der Bedeutung und Tragweite der augenblicklichen Situation nicht genügend bewußt sind.

Zum Beispiel:

- Frage ich jemanden nach seiner Meinung, habe ich die Antwort bereits im Kopf.
- Während ich mich einem Menschen zuwende, sind meine Gedanken bei einem anderen.
- Höre ich jemandem zu, ziehe ich bereits nach wenigen Sätzen Schlüsse und bilde mir ein vorschnelles Urteil.

✧ *Wenn ich die Meditation in erster Linie aus diesen für mein Leben so wichtigen und wertvollen Gründen beginne und durchführe:*
Ist das nicht eine Entfremdung des eigentlichen Anliegens des Ruhegebetes – das Einswerden mit Gott?

Die Gründe, aus denen ich mit dem Ruhegebet beginne – und sei es nur aus Neugier – spielen eine sekundäre Rolle. Allein wichtig ist, daß ich beginne und Erfahrungen im Aufbrechen meiner eigenen Grenzen mache. Erst dann, wenn ich mit den mir von Gott geschenkten Fähigkeiten richtig umgehen kann und mein persönliches Leben geordnet habe, finde ich zu einer echten Du- Beziehung.
Es ist ein Naturgesetz:
Nägel werden durch einen Magneten leichter bewegt und angezogen, wenn sie nicht untereinander verhakt, verklebt und allzu rostig sind.
Gott möchte mein Heil und sagt in Jesus Christus:
»Ich werde alle an mich ziehen.«✧

Wenn der Geist so unruhig ist und die Gedanken unstet, können wir keiner Situation im Leben gerecht werden, weder richtig wahr-nehmen noch klare Entscheidungen treffen. Oberflächliche Zufälle bestimmen die sich ständig ändernde Richtung der Gedanken, da der Geist nicht stabil genug ist und die Kraft nicht hat, das Wesentliche zu ergründen oder bei dem zu bleiben, was jetzt wichtig ist.
Wie kann das Ruhegebet dabei helfen, unsere Gedanken nicht umherirren zu lassen und in der jeweiligen Situation ganz präsent zu sein, damit unser Geist im Urgrund Liebe gefestigt ist?

14. *Der grund*-legende Weg: das Ruhegebet

Diese einfache Meditationsform, das Ruhegebet, trägt wesentlich dazu bei, das Leben in tieferen Dimensionen des Seins zu erfahren und eine Beständigkeit des Herzens zu erlangen. Weil gerade dieser Aufbruch so wichtig ist, soll noch einmal kurz – jedoch in einem größeren Zusammenhang – das Entscheidende dieses Weges wiederholt werden.

Es sind drei Anwege, die zur Festigkeit des Geistes und damit zur Persönlichkeitsentwicklung führen:

Offenheit – Meditation – Gebet

✧ *Warum wird hier zwischen Gebet und Meditation unterschieden?*
Die »Meditation« steht nicht unbedacht zwischen den beiden anderen Anwegen »Offenheit« und »Gebet«.
Sie selbst ist Gebet und kann sich zu hoher Vollendung entwickeln. Durch sie erfährt der Meditierende in der Hingabe an Gott, in der Armut seines Geistes und in der Bitte um Erbarmen sowohl eine Bereicherung seines persönlich formulierten Betens wie auch eine vertrauende Offenheit allem gegenüber.✧

Nur durch das regelmäßige tägliche Einüben sind diese Anwege erfolgreich zu gehen. Zwischen ihnen besteht eine Wechselwirkung.
Es ist leichter, zu meditieren, wenn wir bereits über eine wache Offenheit verfügen.
Es ist leichter, zu meditieren, wenn wir bereits im Gebet geübt sind.
Jedoch: Durch den einfachen und mühelosen Vorgang der Meditation wird ganz von selbst die Offenheit allem gegenüber wachsen,

und das persönliche und gemeinschaftliche Gebet wird wahrer und innerlicher. Grundvoraussetzung dafür, daß wir auf den Anwegen richtig Fuß fassen und auf ihnen beständig weiter zu unserem Ziel gehen können, ist das Eingebundensein in eine meinen körperlichen und geistigen Fähigkeiten entsprechende sinngebende Arbeit.

✧ *Was ist unter »sinngebender Arbeit« zu verstehen?*
Wir sind als Menschen mit freiem Willen ausgestattet und tragen somit die Verantwortung für die gesamte Schöpfung.
Unter »sinngebend« ist somit das verantwortliche Umgehen mit den Gaben Gottes zu verstehen:
zur Förderung des anderen, zur eigenen Existenzsicherung und geistigen Weiterentwicklung, zum Schutz aller Hilflosen und zur Bewahrung der Natur.✧

Hierdurch ergibt sich ein Wechsel zwischen Ruhe und Aktivität, wie wir ihn als zugrundeliegende Ordnung in der gesamten Schöpfung erleben. Meditation und Arbeit – im ausgewogenen Wechsel – helfen, nach und nach Belastungen und Sorgen abzubauen und eine größere Stabilität wachsen zu lassen. Die aus der Meditation gewonnene tiefe Ruhe und Innerlichkeit nehmen wir mit in unseren Alltag, so daß die Grenzen fließend werden, bis sie sich ganz auflösen und unser Leben, unser Empfinden, Denken, Sprechen und all unser Tun zu einem beständigen Gebet wird:

Betet ohne Unterlaß
(1 Thess 5,17)

Von diesem »Beten ohne Unterlaß«, dem Erfolg des Ruhegebetes, können wir nicht sprechen, wenn wir gedanklich gesteuert beten und den Inhalt in unserem Alltag nicht leben. Ein solches Gebet bringt uns nur sehr wenig weiter – gar nicht, wenn dazu noch unsere Gedanken abschweifen oder umherirren.

Wie wir beim Beten, besonders aber im Gottesdienst, angenommen werden möchten, müssen wir jeweils vor der Gebetszeit und vor dem Gottesdienst bereiten, denn unser Geist nimmt ja den Zustand mit, in dem er sich vorher befand und die Gedanken, die uns bewegten. Nehmen wir eine große Unruhe mit, sind wir nicht offen und bereit für Gott, wird es schwer, sein Entgegenkommen zu spüren – nehmen wir durch die Meditation eine große Ruhe mit, sind offen und bereit für Gott, kann er uns in seinem liebenden Entgegenkommen beschenken und wandeln.
Der Meditierende, der mit der Lehre und einfachen Praxis des Ruhegebetes vertraut wird, macht eine neue wesentliche Erfahrung:
Dieser Gebetsweg unterscheidet sich *grund*-legend von allen anderen Gebetsformen und Betrachtungsweisen. Im Ruhegebet werden keine biblischen Texte bedacht; theologisches Wissen ist nicht erforderlich. Es dient nicht der unmittelbaren Wissensgewinnung, sondern führt ohne Konzentration und bildhafte Vorstellungen auf dem Weg der Erfahrung in einen Bereich tiefer Ruhe.
Diese Meditation ist ein einfaches und müheloses Gebet, das zur wirklichen, unerschöpflichen Kraftquelle führt, sie ist ein Mittel, die Reinheit des Herzens und der Seele zu erlangen. Durch ihre Praxis, die ständige schweigende Wiederholung der Gebetsformel, richtet sie den Geist ganz auf Gott aus, damit er sich uns ganz schenken kann.

✧ *Nach dieser Hinführung und Anleitung zum Ruhegebet habe ich den dringenden Wunsch zu meditieren.*
Welche Voraussetzungen muß ich mitbringen?
Was gibt es zu bedenken?
Welches Vorgehen ist sinnvoll?

Die erste Voraussetzung ist gegeben: Ihr dringender Wunsch.
Die zweite: Ihre Bereitschaft, sich vertrauend ganz auf Gott zu verlassen.
Zu bedenken ist:

- Sie sollten, wenn Sie psychisch nicht gefestigt sind, vorher mit Ihrem Arzt sprechen.
- Sie sollten bereit und in der Lage sein, regelmäßig zweimal täglich zu meditieren, unabhängig von Situation oder Stimmung.
- Sie sollten sich nicht in der Ruhe verlieren und die Meditationszeit überziehen, sondern die aus der Ruhe gewonnene Kraft für Ihre sinngebende Arbeit nutzen.
- Es gibt mehrere Wege, wie Sie vorgehen können:
- Sie gehen Schritt für Schritt entsprechend der Anleitung des Johannes Cassian vor.
- Sie besorgen sich weitere Literatur, zum Beispiel von Emmanuel Jungclaussen und John Main.
- Vertrauen Sie sich einem geistlichen Lehrer an, der Sie mit der erforderlichen Verantwortung durch persönliche Gespräche und praktische Übungen in das Ruhegebet einführt.
- Johannes Cassian ist bekanntlich in der benediktinischen Tradition sehr lebendig. Sie können sich an ein Benediktiner/innen-Kloster wenden, dem die cassianische Gebetsweise vertraut ist. ✧

Tradition als Herausforderung

1. Johannes Cassian in seiner Zeit …

Wer war Johannes Cassian, dessen Schriften die Jahrhunderte zu überdauern vermochten?
Gennadius von Marseille (nach 492), Literatur-Historiker des ausgehenden 5. Jahrhunderts, schrieb in seinem Buch »Von berühmten Männern« auch über Cassian.
Johannes Cassian wurde um 360 in der nördlichen Dobrudscha, der rumänischen Landschaft südlich des Donaudeltas, nordwestlich des Schwarzmeerhafens Constanza, geboren – einer waldreichen, einsamen und reizvollen Gegend.
Seine christlichen Eltern ermöglichten ihm eine ausgezeichnete und anspruchsvolle Schulbildung. Die Muttersprache war Latein, denn die Landschaft, in der Cassian geboren wurde, war von ihren Kolonisatoren her lateinisch-römisch geprägt, zugleich aber auch stark von griechischem Einfluß bestimmt. So wuchs Cassian praktisch zweisprachig auf.
Eine große Sehnsucht nach tieferer Glaubenserfahrung drängte Johannes Cassian bereits im Alter von 20 Jahren, mit seinem etwas älteren Freund Germanus in die alte Mönchslandschaft Palästina, nach Betlehem, zu ziehen. Sie traten dort in ein Kloster ein.

Das Verlangen, das geistliche Leben dort kennenzulernen, wo es am ursprünglichsten ist, läßt sie zu den Vätern in die Wüste Ägyptens ziehen (380), um dort von ihnen alles zu erlernen und zu erfahren, was ihnen an Erkenntnissen über den »Weg der Reinigung« und über den »Weg der Vollkommenheit« noch fehlte.
Nachdem sie den Eid abgelegt hatten, wieder in das Kloster nach Betlehem zurückzukehren, weilten sie eine längere Zeit in der Gegend Panephysis und Diolkos am Nildelta unter den Mönchen der Kellia und der Sketis. Nach sieben Jahren kehrten sie auf Drängen der Mönche ihres Heimatklosters nach Betlehem zurück, um sich von ihrem Eid entbinden zu lassen und für immer nach Ägypten zu gehen.
Was Cassian in der sketischen und thebaischen Wüste, dem früheren Aufenthaltsort des heiligen Antonius, in Gesprächen mit den Mönchsvätern erfuhr und an Lebensgewohnheiten und Bräuchen beobachtete, was er in den Klöstern und bei den Altvätern an Lebens- und Lehrweisheiten in sich aufnahm, schrieb er später in seinen Werken nieder.

Wenig ist viel: die vergessene Dimension

Cassian spricht in der 9. und 10. Unterredung vom »Abt Isaak«. Dieser war wahrscheinlich sein Lehrer Evagrius Pontikus, dem er in der nitrischen Wüste begegnete. Evagrius Pontikus faßte als erster die Lehren der Wüstenväter über das Gebet in ein zusammenhängendes System. »Der Geist ist von Natur aus auf das Gebet hin angelegt« – aus sich allein aber kommt der Mensch nicht zum Beten, denn Gebet ist und bleibt Gabe Gottes. Es ist die größte seiner Gaben, und es gibt nichts Wertvolleres auf Erden.
Die Tradition führt diese Form des Betens insbesondere auf Makarius den Großen zurück, von dem wiederum Evagrius Pontikus sie übernommen hat. Es ist ein kurzes Gebet aus ganz wenigen Worten, die oft wiederholt werden.

Evagrius Pontikus lehrte Cassian das Ruhegebet, ein rein geistliches Gebet, frei aller Bildlichkeit. Gott darf nicht irgendwie vorgestellt oder vor Augen geführt werden. Es geht um ein völlig bildloses Anschauen »mit den reinen Blicken der Seele«. Cassian beschreibt genau die Methode des Gebetes. Ein einziger kurzer Satz wird als Mittel benutzt, die nötige Stille zu erlangen. Die Fülle der Gedanken wird durch die strenge Armut eines einzigen Verses mehr und mehr reduziert.

Dieser Prozeß tiefer Ruhe für Körper, Geist und Seele reinigt das Nervensystem und die Psyche. Er führt somit letztlich zur Reinheit des Herzens. Durch die Übung des Ruhegebetes wird diese Reinheit des Herzens zu einem andauernden Zustand, der einen entscheidenden Wendepunkt auf dem spirituellen Weg des Christen darstellt. Die Meditation vermittelt intuitive Erkenntnis der Einfachheit und führt letztlich zu einem erfahrungsmäßigen Wissen um Gott.

Im Sinne von Cassian bedeutet Beten, alles aufzugeben: die Gedanken, das Vorstellungsvermögen, den eigenen Willen ... Freude am Einfach-Dasein wird im Gebet erlebt. Wenn aller Besitz aufgegeben und alles losgelassen wird, was um die Existenz wissen läßt, dann steht der Meditierende in absoluter Einfachheit vor Gott.

Diese Gotteserfahrung führt zu einer Aufhebung der Grenzen. Dazu ist das Jetzt entscheidend, weder das Vorher noch das Nachher. Es liegt Cassian daran, zu einem Gebet zu führen, das in der Heiligen Schrift zwar gründet und von ihr ausgeht, aber in sich selbst ein Gebetszustand ohne Wort und Laut ist.

Die Seele kommt in den Zustand der Hesychia, wie die Wüstenväter ihn nennen, in einen Zustand ständiger Ruhe. Die Erkenntnis, daß die Übung, in die Gegenwart Gottes zu kommen, von zentraler Bedeutung ist, ging von Basilius dem Großen über Evagrius Pontikus auf Cassian über. Was nun aber gerade diese Verbundenheit mit Gott hindert, sind die Gedanken, deren Entstehung nicht in unserer Macht steht. Mit dem Ruhegebet gibt Cassian eine wunderbare Methode

weiter, auf diesem Weg zu Gott voranzuschreiten und alle Hindernisse aufzulösen:
Wenn der Mühlstein in der Mühle vom Wasser angetrieben wird, kann ihn der Müller nicht nach seinem Willen aufhalten. Der Mühlstein mahlt aber nur das Getreide, das man aufgeschüttet hat. Ist es Gerste, erhält man Gerstenmehl; ist es reiner Weizen, erhält man Weizenmehl.
Mit begeisterndem Schwung spricht Cassian alle Vorteile an, die durch das Wiederholen der Formel im Gebet für die Persönlichkeit und den Glauben des Betenden entstehen. Auch sein Lehrer Johannes Chrysostomus hat diese Art des Betens sehr empfohlen.
Evagrius Pontikus, der von 382 bis zu seinem Tod 399 in der nitrischen Wüste Ägyptens in strenger Entsagung gelebt hat, kommt in seiner Theologie und Spiritualität ganz von Origenes her. Origenes, der bedeutendste Lehrer der frühen griechischen Kirche, hat nicht nur die Theologie, sondern vor allem auch die Spiritualität der gesamten Christenheit in Ost und West tiefgreifend beeinflußt. Durch ihn wurde Cassian – jahrelang Schüler des Evagrius Pontikus – ebenfalls zum »Origenisten«. Wie bei Origenes ist bei Cassian der Weg des Menschen ein Aufstieg zu Gott. Die Umgestaltung des Menschen und seines Bewußtseins erfolgt stufenweise. Am Ende wird ein Zustand beschrieben, in dem »Gott alles in allem ist«. Dazu ist die Reinheit des Herzens unerläßliche Voraussetzung.

Der 23. Juli in Marseille

Gegen Ende des 4. Jahrhunderts spitzten sich die Auseinandersetzungen um das geistig-geistliche Erbe des Origenes dramatisch zu. Als schließlich der Patriarch Theophilus von Alexandrien geradezu brutal in die Auseinandersetzung eingriff, die Werke des Origenes verurteilte und die origenistischen Mönche aus Ägypten vertrieb, mußte auch Cassian im Jahr 401 aus Ägypten fliehen.

Er fand Zuflucht beim Patriarchen Johannes Chrysostomus in Konstantinopel, einem der Großen unter den Kirchenvätern. Dieser weihte Cassian 403 zum Diakon. In Konstantinopel erlebte Cassian den kirchenpolitischen Kampf um den Bischofsstuhl, dessen Opfer Johannes Chrysostomus wurde. Als der Bischof Theophilus von Alexandrien im Jahr 404 Chrysostomus ins Exil schickte, betraute der Klerus von Konstantinopel Cassian mit einer Mission an Papst Innozenz I., um den päpstlichen Schutz für Johannes Chrysostomus zu erbitten und seine Theologie zu verteidigen. 405 reiste Cassian nach Rom. Es gelang ihm, die Verleumdungen zu widerlegen.

In Rom wurde Cassian in diesem Jahr zum Priester geweiht.

Nachdem Johannes Chrysostomus 407 gestorben war (auf dem Weg in sein zweites Exil nach Pityus am Schwarzen Meer) und Rom 410 durch den Westgoten-König Alarich erobert wurde, verließ Cassian Rom. Wahrscheinlich hat der Bischof Lazarus von Aix-en-Provence, mit dem Cassian in Verbindung getreten war, ihm die Wege nach Südgallien geebnet.

Ab 410 lebte Cassian in Marseille und gründete dort nach 415 zwei Klöster; eines für Mönche und eines für Nonnen. Das Mönchskloster, dem Cassian als Abt vorstand, lag bei der Kirche St. Victor, die er vom Bischof Proculus als Klosterkirche erhalten hatte – vermutlich auf Empfehlung des Bischofs Lazarus, der später in der St.-Victor-Kirche begraben wurde. In diesem Kloster schrieb Cassian zwischen 419 und 429 auf Bitten des Bischofs Castor von Apta Julia seine beiden Hauptwerke »Von den Einrichtungen der Klöster und von den Heilmitteln gegen die acht Hauptlaster« und »24 Unterredungen mit den Vätern«. Cassian besaß aufgrund seiner geistlichen Erfahrungen und hohen Spiritualität ein großes Ansehen bei den Klöstern Südgalliens. Im Auftrag des römischen Archediakons und späteren Papst Leo I. schrieb er 428 – 431 »Über die Menschwerdung des Herrn«. Mit dieser Schrift griff er in die christologischen Streitfragen um die Theologie des Nestorius ein.

Cassian zitiert sehr häufig die Bibel. Dabei hält er sich allerdings oft nicht an den Wortsinn, sondern legt dem Text einen höheren, allegorischen Sinn unter – hierin erkennt man ihn als Schüler der Alexandrinischen Schule und ihrer Schrifterklärung. Im Jahr 435 starb Johannes Cassian in Marseille und wurde in der Krypta von St. Victor begraben.
Seither wird seiner am 23. Juli in Marseille besonders gedacht.

Die Alexandrinische Schule

Die Lehre Cassians wurde zu einem großen Teil durch die alexandrinische Theologenschule mitgeprägt.
Alexandria, Weltstadt des Altertums, besaß bereits im 1. Jahrhundert als zweitgrößte Stadt des römischen Reiches fast 1 Mio. Einwohner. Sie wurde 331 v.Chr. von Alexander dem Großen gegründet.
Von weitreichender Bedeutung war auch die Theologenschule, die die frühe Kirche maßgeblich beeinflußte. In seiner Kirchengeschichte schreibt Eusebius (260-340), daß diese Schule »seit Alters her« in Alexandria bestanden habe. Das hohe Ansehen Alexandrias basiert nicht zuletzt auf dieser Theologenschule und der Präsenz berühmter Bischöfe wie Heraklas, Theonas, Athanasios, Kyrillos, Dimetrios.
Pantaenus war die erste historisch belegbare Gestalt eines christlichen Gelehrten an dieser Schule (+ ca. 190). Ein Schüler des Pantaenus, Clemens von Alexandrien, war wiederum geistlicher Lehrer des Origenes. Origenes (180-251) kam im Jahr 204 an diese Schule und legte die Grundlagen für die Entwicklung zu einer dauerhaften Institution. Ohne Origenes und seine Alexandrinische Schule lassen sich das gebildete Mönchtum, die Dogmatik und geistliche Lehre der Kappadozier und der Byzantiner, die Exegese des Hieronymus und Ambrosius und damit die westliche Schrifttypologie nicht denken. Der größte Schüler des Origenes war Evagrius Pontikus, von dem Cassian als »Abt Isaak« in seinen Werken spricht.

Warum nennt Cassian Evagrius Pontikus nicht mit seinem Namen? In der Zeit, in der Cassian seine Werke schrieb, war es nicht ratsam, sich zu Origenes und dessen Schülern zu bekennen. 394 kam es zum ersten sogenannten Origenistenstreit zwischen Hieronymus und Rufinus – bis im Jahr 401 Bischof Theophilus von Alexandrien, erst selbst begeisterter Origenist, seine Kampagne gegen die Anhänger des Origenes eröffnete und die origenestreuen Mönche aus Ägypten verjagte. Im gleichen Jahr verurteilte auch Papst Anastasius verschiedene Lehren des Origenes.

Indischer Einfluß – ein Vorurteil?

In den Dokumenten der frühchristlichen Theologie sind viele Hinweise zu finden, die Beziehungen zwischen christlichen und indischen Lehren in den ersten nachchristlichen Jahrhunderten erwähnen.
Eusebius berichtet, daß Pantaenus nach seiner Rückkehr aus Indien im Jahr 180 an der alexandrinischen Theologenschule unterrichtete. So flossen indisches Gedankengut, geistige und geistliche Strömungen aus Indien in seine Lehre ein. Die Werke seiner Nachfolger wie Clemens von Alexandrien und Origenes bestätigen, daß auch in ihrem Denken Indien eine ganz bedeutende Rolle spielte. Clemens von Alexandrien: »Alles, was die Alten über die Natur gesagt haben, wird auch von denen, die außerhalb Hellas philosophiert haben, gesagt – teils von den Brahmanen bei den Indern, teils in Syrien von den sogenannten Juden.« Die Nachrichten über die Brahmanen erregten die besondere Aufmerksamkeit des Clemens von Alexandrien, denn bei ihnen fand er die meisten Übereinstimmungen mit christlicher Lehre und Lebenshaltung. Die Geschichte der geistigen und religiösen Entwicklung der Menschheit verstand er als einheitliche umfassende Heilsgeschichte, zu der selbstverständlich die indische Weisheit gehörte.

Nicht nur Clemens von Alexandrien war hiervon überzeugt; diese Erkenntnis war für die geistige Gesinnung der Alexandrinischen Schule typisch. In Alexandria war es auch für einen Lehrer der christlichen Kirche unmöglich, das Phänomen der indischen Philosophie zu ignorieren.

Noch stärker als Clemens von Alexandrien beschäftigte sich Origenes, sein Nachfolger in der Leitung der Alexandrinischen Schule, mit der indischen Philosophie. Das wird in seinen Werken deutlich. Ein weiterer Lehrer des Origenes war der indische Philosoph Ammonios Sakkas (180-242), der auch Lehrer des griechischen Philosophen Plotins (205-270) war. Die Tatsache, daß Ammonios Sakkas als Inder Kenntnisse indischer Philosophie nach Alexandria brachte, war von größter Bedeutung für die christliche Welt. Der von ihm ausgehende Einfluß indischer Ideen war insofern besonders bedeutsam, da Ammonios Sakkas selbst eine christliche Erziehung erhalten hatte.

In Alexandria trafen nicht nur indische Interessen mit christlichen zusammen – über diese Metropole wurde auch der größte Teil des indischen Handels abgewickelt. So war es kein Wunder, daß Alexandria als Brennpunkt indischer Einflüsse galt. Was lag näher, als daß man sich aus diesem Land, aus dem der bessere Pfeffer, die bessere Seide, die kunstvolleren Elfenbeinarbeiten und die kräftigeren Medikamente kamen, auch die höheren geistigen und religiösen Erkenntnisse versprach?

2. ... und als Herausforderung bis heute

Die frühe mönchische Spiritualität hat als eine Quelle christlichen Lebens ihre Bedeutung und Aktualität bis heute nicht verloren. Unsere christliche Gegenwart ist von tiefer Sehnsucht nach Verankerung im Glauben und Gotteserfahrung erfüllt und sucht nach alten christlichen Quellen mit überzeugenden Wegen.

Was immer in den ersten Jahrhunderten an Neuaufbrüchen christlichen Lebens und christlicher Lehre geschah, offenbarte sich zunächst im Morgenland und wurde erst mit geraumer Verspätung im Abendland sichtbar und wirksam.

Johannes Cassian kommt in diesem Prozeß eine besondere Bedeutung zu. Durch seine Schriften vermittelte er der Kirche des Abendlandes die Spiritualität der frühchristlichen Meister und wurde zu einer zentralen Gestalt der abendländischen Spiritualität. Cassians Schriften bieten ohne Zweifel die beste Synthese der Frömmigkeit des alten Mönchtums. Nach Cassian, der für Mönche über Mönche schreibt, ist dieser Weg jedoch nicht verschieden von dem Weg des Christen in der Welt, der nach dem Evangelium zu leben sucht.

Seine beiden Hauptwerke haben die späteren Generationen bis in die Gegenwart nachhaltig beeinflußt. Die lateinischen Schriften wurden sogar ins Griechische übersetzt – ein Zeichen ungewöhnlicher Wertschätzung. Abgesehen von Gregor dem Großen und Augustinus sind wohl die Werke keines altchristlichen lateinischen Schriftstellers in so vielen Abschriften erhalten wie die Cassians. Der afrikanische Bischof Victor von Mactaris wie auch Bischof Eucherius von Lyon gaben schon sehr früh Ausgaben der Werke Cassians heraus.

Der heilige Benedikt von Nursia sah hundert Jahre nach Cassian in diesem seinen Lehrmeister. Cassians Schriften gehören zu den Hauptquellen der Benediktinischen Klosterregel (Kap. 42 und 73). Der heilige Benedikt empfiehlt seinen Mönchen, die Werke Cassians zu studieren, um in einen höheren Gebetszustand zu kommen und darin zu verweilen. Neben der Heiligen Schrift gehören diese Werke zur Grundlektüre seiner Mönche.

Cassian war Zeitgenosse des heiligen Augustinus.

In der »13. Unterredung mit den Vätern« stellt sich Cassian gegen die Gnadenlehre des Augustinus, nach der der Mensch zu einem passi-

ven Objekt der alleswirkenden Gnade Gottes werde. Cassian schreibt die Vorbereitung auf die Gnade und die Glaubensbereitschaft der Initiative des Menschen zu. Die Gnade begleitet und vervollkommnet den Willen des Menschen. Gott prädestiniert den Menschen zur Seligkeit.
Diese Lehre rief bis zum Konzil von Orange (529) heftige Kontroversen hervor. Trotz starker Kritik an dieser seiner Einstellung zur augustinischen Gnadenlehre fanden die Schriften Cassians überall großen Anklang.
Nicht nur der heilige Benedikt, sondern auch bedeutende Ordensstifter und Theologen der späteren Zeit haben sich am cassianischen Gedankengut orientiert:
Dominikus – Ignatius von Loyola – Johannes vom Kreuz – Teresa von Avila – Franz von Sales.
Selbst Thomas von Aquin, der eine einzigartige Schlüsselposition in der abendländischen Theologie einnimmt, wertete Cassian als Autorität und zitiert ihn häufig in seiner »Summa Theologica«.
Überall kann man Cassian in Überlieferungen begegnen:
Selbst bei den Autoren der »Devotio moderna«, im besonderen bei Gerhard von Zütphen, oder in dem klassischen Buch »Von der christlichen Vollkommenheit« des Alphons Rodriquez. Auch die »Nachfolge Christi« des Thomas von Kempen ist von Cassian inspiriert.
Der Einfluß der Spiritualität Cassians wird auch in der Philokalie, bei Nilus und Johannes Klimakus deutlich, der ihn »den Großen Cassian« nennt.

Wie Cassian in seiner Zeit und in der späteren durch seine gelebte Spiritualität und seine Werke, die Wissen und Erfahrung verbinden, für viele ein großer Anstoß war, so möchte auch dieses Buch eine Herausforderung an Menschen sein, aus der Grauzone, der Routine des Alltags und der Mittelmäßigkeit des Glaubens herauszutreten …

Geistlicher Stammbaum des Johannes Cassian

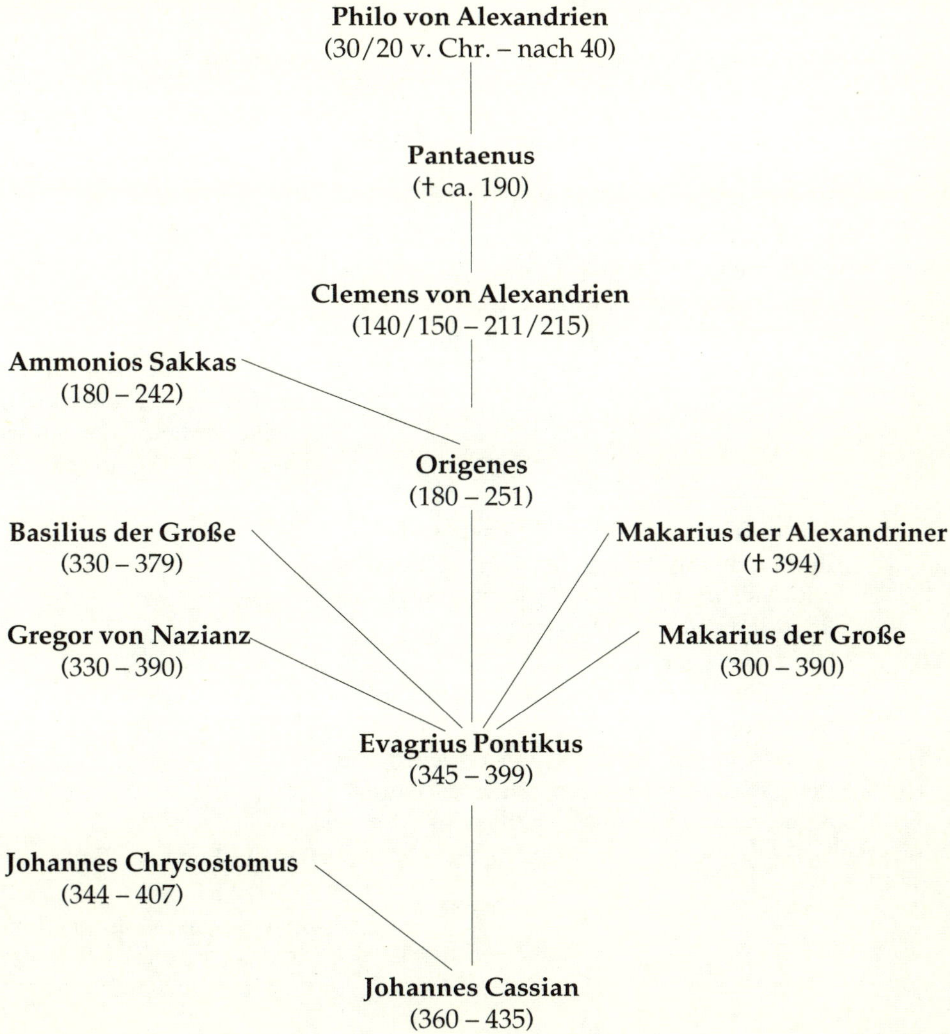

Vergleichende Zeittafel

um	Johannes Cassian	Kontext
360	Geboren in der nördlichen Dobrudscha, der rumänischen Landschaft südlich des Donaudeltas, nordwestlich des Schwarzmeerhafens Constanza	
380	Aufbruch nach Palästina – gemeinsam mit seinem Freund Germanus Eintritt in ein Kloster in Betlehem	
382		Evagrius Pontikus, sein späterer Lehrer, zieht in die Abgeschiedenheit der nitrischen Wüste Ägyptens
385	Reise nach Ägypten Ankunft in der Hafenstadt Thenessus Besuch der Mönche in der Gegend von Panephysis und Diolkos (Nildelta), von Kelia und der sketischen Wüste	
392	Rückkehr nach Betlehem Erneuter Aufbruch zu den ägyptischen Mönchen Gespräche mit Mönchsvätern auch in der thebaischen Wüste, dem früheren Aufenthaltsort des hl. Antonius (251-356)	
399		Tod des Evagrius Pontikus
401		Papst Anastasius verurteilt verschiedene »falsche« Lehren des Origenes

um	Johannes Cassian	Kontext
	Vertreibung des Johannes Cassian (als Anhänger des Origenes) durch den Patriarchen Theophilus von Alexandrien	
	Zuflucht bei Johannes Chrysostomus, Patriarch von Konstantinopel, dessen Schüler er wird	
403	Weihe zum Diakon durch Johannes Chrysostomus in Konstantinopel	
404		Johannes Chrysostomus wird vom Patriarchen Theophilus ins Exil nach Armenien geschickt
405	Reise nach Rom zu Papst Innozenz I., um den verfolgten Johannes Chrysostomus und dessen Lehre zu verteidigen	
	Priesterweihe in Rom	
407		Tod des Johannes Chrysostomus auf dem Wege in sein zweites Exil nach Pityus am Schwarzen Meer
410		Eroberung Roms durch Alarich, König der Westgoten
	Ansiedlung in Südgallien	
415	Gründung eines Männer- und eines Frauenklosters in Marseille	
	Abt des Klosters von St. Victor	
	Auf Bitten des Bischofs Castor von Apta Julia schreibt er seine beiden Hauptwerke:	
419-426	»Von den Einrichtungen der Klöster und von den Heilmitteln gegen die acht Hauptlaster«	

um	Johannes Cassius	Kontext
420-429	»24 Unterredungen mit den Vätern« Im Auftrag des römischen Archediakons und späteren Papst Leo I. schreibt er	
428-431	»Über die Menschwerdung des Herrn«	
435	Tod des Johannes Cassian Begraben in der Krypta von St. Victor	

Nachwort von Tatjana Goritschewa

Noch nie zuvor war unsere Welt so klein und so organisch wie heute. Nach Francis Fukijama führte der Sturz des Kommunismus zum totalen Triumph der »liberalen Demokratie«. Ist es denn auch tatsächlich so? Vielleicht ist das »Europäische Haus« jener Ort, in den sich die sieben bösen Geister hineinstürzen – auf der Suche nach der Leere. »Und es wird danach ärger sein, als es zuvor war.«
Für uns Christen stellt sich die Aufgabe, dieses »leere Europäische Haus« mit geistlicher Kreativität zu füllen, welche die Inspiration und Neuheit aus einer großen christlichen Tradition schöpft.
Johannes Cassian ist wahrscheinlich der einzige der Kirchenväter, der im Osten wie im Westen gleichermaßen anerkannt ist. Bereits vor 20 Jahren – in der Zeit der grausamen Verfolgungen – suchten und fanden die russischen Intellektuellen für sich die christlich-asketische Tradition. Kindlicher Gehorsam gegenüber Gott und den geistlichen Vätern war denen eigen, die sich der Staatsgewalt nicht unterordnen wollten, die stolzen Ungehorsam dem Regime gegenüber zeigten.
In den Zeiten der Verfolgung erlebten wir, daß das Gebet Wunder bewirkt. Man kann alles abschaffen und alles verbieten – wie es ja in unserem Land geschehen ist. Aber der Mensch betete weiter, in einer engen Gefängniszelle und in den schrecklichen psychiatrischen Gefängnissen. Das Gebet gab Wärme auch bei – 40 °C und half, den Verstand nicht zu verlieren.

Im Westen war und ist alles anders. Aber auch im Westen entdeckt man mehr und mehr die Kraft des Gebetes. Es scheint, daß der Mensch es leid ist, nur Konsument zu sein. Infolge des großen und vielfältigen Warenangebotes ist man satt und des Kaufens überdrüssig geworden. Man hat zwar die Möglichkeit zu reisen, aber alle Länder sind bereits bekannt, es gibt nichts Neues dort zu entdecken. Man langweilt sich.
Nur *das* Gebet, welches die innere Welt des Menschen erneuert, gibt ihm auch die Außenwelt zurück: Dank dieses Gebetes verschärfen sich Seh- und Hörvermögen, und alles bietet sich als Geschenk an.
Die Aktualität der Gedanken Cassians versetzt in Erstaunen. Peter Dyckhoff ist es ausgezeichnet gelungen, die alte Vätersprache in die moderne Sprache zu übertragen. Gleichzeitig erinnert er auf diese Weise an die tiefen christlichen Wurzeln der Meditation, des Ruhegebetes. Hierdurch wird es möglich, Cassians Gedanken leicht nachzuvollziehen. Das Lesen dieses Buches hat mich veranlaßt, auf's neue mit diesem wunderbaren Gebet der Ruhe zu beginnen.
Besonders beeindruckt bin ich von der Unterscheidung Cassians im Hinblick auf »kleine und große Sünden«. Große Leidenschaften, die zum Beispiel zu Mord oder Ehebruch führen, tragen in sich eine gewisse Lebensenergie, die auch zu Reue und somit zur Auferstehung führt. Dagegen werden oft »Kleinigkeiten« nicht in ihrer alles zerstörenden Wirkung erkannt. Viele Leute verbringen die Zeit in der »Zeitlosigkeit« der kleinen Sorgen und kleinen Vergnügungen. Wie ein Pendel schwankt das Leben zwischen Rausch und Hektik. Zu recht wiederholen die geistlichen Väter: das Allerschlimmste ist Trägheit, wenn du »weder kalt noch heiß bist, sondern lau«.
Übertriebene Strebsamkeit oder Arbeitsbesessenheit – wir haben verlernt zu dienen, deshalb arbeiten wir auch. (Das russische Wort »rabota« – »Arbeit« stammt vom Wort »rabstvo« – »Sklaverei« ab.) Dienen bedeutet, sich ganz zu geben; der ohne diese Intuition des Dienens nur Arbeitende ist im allgemeinen mit seinem Tun letztlich

nicht verbunden. Nur das Gott-Dienen gibt unserem Leben eine feste Basis und einen Status der Realität. Das Dienen und das Gebet – das ist Erfahrung.

Im Westen wurde vielfach vergessen, was Erfahrung ist.

Die Rückkehr zur Erfahrung ist durch Leiden möglich. Aber zum Glück (oder zum Bedauern) haben wir keine besonderen Gründe zu leiden. Somit kann uns nur das Gebet aus dem trügerischen Gleichgewicht und dem trügerischen Wohlergehen unseres Lebens herausführen.

Ich hoffe, daß dieses Buch zu einem Leitstern wird für die Menschen, welche bereits beten, um tiefere Erfahrungen durch das Ruhegebet zu machen. Ich hoffe aber auch, daß all diejenigen, die bisher keinen Zugang zum Gebet haben, durch das Lesen dieses Buches zum Gebet inspiriert werden.

Quellenangaben

Primärliteratur

Jean Cassien: Conférences, I-VII, VIII-XVII, XVIII-XXIV. Introduction, texte latin, traduction et notes par Dom E. Pichery. Sources Chrétiennes No 42, Paris 1955; No 54, Paris 1958; No 64, Paris 1959.

Joannis Cassiani: Collationes XXIV. Libraria Academica Wagneriana. Fr. Pustet 1887.

Johannes Cassianus: Vierundzwanzig Unterredungen mit den Vätern. Übersetzt von Karl Kohlhund. In: Sämtliche Schriften des ehrwürdigen Johannes Cassianus. Bibliothek der Kirchenväter. Kempten 1879.

Johannes Kassian: Das gemeinsame Leben im Kloster. Buch I-IV. Übersetzt von Karl Suso Frank. In: Frühes Mönchtum im Abendland. Band I: Lebensformen. Zürich und München 1975.

Johannes Kassianus: Das Glutgebet. Zwei Unterredungen aus der sketischen Wüste. Übersetzt von Emmanuel von Severus. Düsseldorf 1966.

Johannes Cassianus: Weisheit der Wüste. Auswahl und Übertragung von Alfons Kemmer. Einsiedeln 1948.

Johannes Cassian: Spannkraft der Seele. Einweisung in das christliche Leben I

–: Aufstieg der Seele. Einweisung in das christliche Leben II

–: Ruhe der Seele. Einweisung in das christliche Leben III. Ausgewählt, übertragen und eingeleitet von Thomas und Gertrude Sartory. Freiburg 1981, 1982 und 1984.

Sekundärliteratur

Apophthegmata Patrum. Weisung der Väter. Eingeleitet und übersetzt von Bonifaz Miller. Freiburg 1965.

Antonius der Große. Stern der Wüste. Ausgewählt, übersetzt und vorgestellt von Hans Hanakam. Freiburg 1989.

Athanasius: Vita Antonii. Übersetzt von Heinrich Przybyla. Leipzig 1986.

Aufrichtige Erzählungen eines russischen Pilgers. Herausgegeben und eingeleitet von Emmanuel Jungclaussen. Freiburg [18]1990.

H. Bacht: Das »Jesus-Gebet« – seine Geschichte und seine Problematik. In: Geist und Leben 24 (1951).

–: »Meditatio« in den ältesten Mönchsquellen. In: Geist und Leben 28 (1955).

Ernst Benz: Indische Einflüsse auf die frühchristliche Theologie. Akademie der Wissenschaften und der Literatur. Abhandlungen der geistes- und sozialwissenschaftlichen Klasse. Jahrgang 1951, Nr. 3, Wiesbaden 1951.

Botschaft der Wüste. Johannes Kassian. In: Große Gestalten christlicher Spiritualität. Herausgegeben von J. Sudbrack und J. Walsh. Würzburg 1969.

Gabriel Bunge: Das Geistgebet. Studien zum Traktat de Oratione des Evagrios Pontikos. Köln 1987.

–: Evagrios Pontikos. Praktikos oder Der Mönch. Hundert Kapitel über das geistliche Leben. Köln 1989.

–: Akedia. Die geistliche Lehre des Evagrios Pontikos vom Überdruß. Köln [3]1989.

Byzantinische Mystik. Ein Textbuch aus der »Philokalia«. Band I: Das Erbe der Mönchsväter. Ausgewählt und übersetzt von Klaus Dahme. Salzburg 1989.

F. J.Doelger: Ausführungen über die Verankerung der Bitte um Erbarmen im heidnischen Sonnenkult und die entsprechenden frühen Übertragungen auf das Gebet zu Christus: Sol Salutis. In: Liturgiegeschichtliche Forschungen 1925, Heft 4/5.

Evagrius Ponticus: Praktikos. Über das Gebet. Übersetzung und Einleitung von John Eudes Bamberger. Aus dem Englischen übersetzt von Guido Joos. Münsterschwarzach 1986.

Gennadii Massiliensis: Liber De Scriptoribus Ecclesiasticis. Caput LXI, Migne PL 58, 1094-1096.

Anselm Grün: Reinheit des Herzens. Askese und Bewältigung der »Gedanken« im alten Mönchtum. In: Erbe und Auftrag 53 (1977).

Heinrich Holze: Erfahrung und Theologie im frühen Mönchtum. Untersuchungen zu einer Theologie des monastischen Lebens bei den ägyptischen Mönchsvätern, Johannes Cassian und Benedikt von Nursia. Göttingen 1992.

Kleine Philokalie. Belehrungen der Mönchsväter der Ostkirche über das Gebet. Ausgewählt und übersetzt von Matthias Dietz. Köln ^{3}1989.

Klemens von Alexandrien: Protreptikos. Paidagogos. Stromateis. Des Clemens von Alexandreia ausgewählte Schriften. Aus dem Griechischen übersetzt von Otto Stählin. Bibliothek der Kirchenväter. München 1934-1938.

Lebenshilfe aus der Wüste. Die alten Mönchsväter als Therapeuten. Ausgewählt und eingeleitet von Gertrude und Thomas Sartory. Freiburg ^{5}1987.

John Main: Meditieren mit den Vätern. Gebetsweise in der Tradition des Johannes Cassian. Übersetzt von Burkard Schuhmann. Münsterschwarzach 1983.

–: Der Pfad der Meditation. Übersetzt von Gertrud Leydhecker und Otto Neumaier. Salzburg 1985.

Makarius von Ägypten: Des Heiligen Makarius, des Ägypters, Fünfzig Geistliche Homilien. Übersetzt von Dionys Stiefenhofer. Bibliothek der Kirchenväter. Kempten und München 1913.

Die Meditation des Herzensgebets. Ein christlicher Weg der Meditation – mit einer Einführung in Methode und Praxis. Basistext: Centurie der Mönche Kallistus und Ignatius. Aus dem Lateinischen von Rose Birchler. Alfons Rosenberg (Hrsg.). Bern und München 1983.

Demetrias von Nagel: Puritas Cordis – Reinheit des Herzens. Sinn und Ziel einer Mönchsübung nach den Schriften des Johannes Kassian. In: munen musô – Ungegenständliche Meditation. Festschrift für Pater Hugo M. Enomiya-Lassalle zum 80. Geburtstag. Herausgegeben von Günter Stachel. Mainz ^{3}1986.

Origenes: Vom Gebete. Nach dem Urtexte übersetzt von Dr. Jos. Kohlhofer.

In: Ausgewählte Schriften des Origenes, Kirchenschriftstellers aus Alexandrien. Bibliothek der Kirchenväter. Kempten 1874.
M. Rothenhäusler: Das innere Leben des Zönobiten nach Johannes Cassian und die Regel des heiligen Benedikt. In: Vir Dei Benedictus. Eine Festgabe zum 1400. Todestag des heiligen Benedikt. Münster 1947.
Kurth Ruh: Geschichte der abendländischen Mystik. Band I. Die Grundlegung durch die Kirchenväter und die Mönchstheologie des 12. Jahrhunderts. München 1990.
Fidelis Ruppert: Meditatio – Ruminatio. Zu einem Grundbegriff christlicher Meditation. In: Erbe und Auftrag 53 (1977).
Gertrude und Thomas Sartory: In der Kampfbahn. In: Die Meister des Weges in den großen Weltreligionen. Freiburg 1981.
Michael Schneider: Aus den Quellen der Wüste. Die Bedeutung der frühen Mönchsväter für eine Spiritualität heute. Köln ^{2}1989.
Emmanuel von Severus: Das Wesen der Meditation und der Mensch der Gegenwart. In: Geist und Leben 29 (1956).
-: Das Wort »Meditari« im Sprachgebrauch der Heiligen Schrift. In: Geist und Leben 26 (1953).
Marcel Viller/Karl Rahner: Aszese und Mystik in der Väterzeit. Ein Abriß der frühchristlichen Spiritualität. Freiburg 1939/1989.
W. Warnach: Gebet und Leben nach den »Unterredungen der Väter« des Johannes Cassian. In: In viam pacis. Festausgabe der Blätter für die Oblaten der Abtei Maria Laach. Zum Goldenen Profeßjubiläum ihres Hochwürdigsten Vaters Dr. Ildefons Herwegen. Maria Laach 1946, 25.
H. O.Weber: Die Stellung des Johannes Cassianus zur außerpachomianischen Mönchstradition. In: BGAM 24, Münster 1961.
Weisheit aus der Wüste: Worte der frühen Christen. Herausgegeben von Gerd Heinz-Mohr. Köln 1985.
Ludwig Wrzol: Die Psychologie des Johannes Cassianus. In: Divus Thomas. 2. Serie, 5 (1918), 7 (1920), 9 (1922).

Das Ruhegebet in benediktinischer Tradition

Großraum	Klöster
Aachen	Benediktinerabtei Kornelimünster Oberforstbacher Straße 71, W-5100 Aachen Pater Friedhelm Tissen OSB
Augsburg	Benediktinerabtei St. Stephan Stephansplatz 6, W-8900 Augsburg Abt Dr. Emmeram Kränkl OSB
Baden-Baden	Cistercienserinnen-Abtei Lichtenthal W-7570 Baden-Baden Äbtissin M. Adelgundis Selle O. Cist.
Berlin	Abtei St. Gertrud 0-1631 Alexanderdorf/Zossen Priorin Ursula Schwalke OSB
Frankfurt	Benediktinerinnen-Abtei Kloster Engelthal W-6472 Altenstadt/Hessen Schwester Demetrias von Nagel OSB
Freiburg	Benediktinerinnen von der hl. Lioba Riedbergstraße 1, W-7800 Freiburg-Günterstal Priorin Eoliba Greinemann OSB

Großraum	Klöster
Fulda	Benediktinerinnenabtei zur Hl. Maria Nonnengasse 16, W-6400 Fulda Äbtissin Maria Wegener OSB
Görlitz	Abtei Marienthal 0-8906 Ostritz Äbtissin Pia Maria Walter O. Cist.
Graz	Abtei St. Gabriel A-8350 Fehring Äbtissin Caecilia Fischer OSB
Halberstadt	Benediktinerpriorat »Maria Aufnahme« Huysburg, 0-3601 Röderhof/Halberstadt Prior Pater Petrus Henke OSB
Hamburg	Benediktiner-Priorat »St. Ansgar« Kloster Nütschau, W-2060 Travenbrück Pater Gregor Mundus OSB
Heilbronn	Benediktinerabtei Grüssau W-7107 Bad Wimpfen/Neckar Pater Paulus Schmidt OSB
Hildesheim	Kloster Marienrode W-3200 Hildesheim-Marienrode Priorin Maria Elisabeth Bücker OSB
Höxter	Benediktinerinnen-Abtei vom Hl. Kreuz Herstelle, W-3472 Beverungen Äbtissin Beatrix Kolck OSB
Innsbruck	Stift Stams A-6422 Stams/Tirol Pater Dr. Gabriel K. Lobedanz O.Cist.
Klagenfurt	Abtei St. Lambrecht A-8813 St. Lambrecht Abt Pater Otto Strohmaier OSB
Koblenz	Benediktinerabtei Maria Laach W-5471 Maria Laach Pater Petrus Nowack OSB

Großraum	Klöster
Köln	Benediktinerinnen vom Hl. Sakrament Brühler Straße 74, W-5000 Köln 51 (Raderberg) Schwester Otgera Kremer OSB
Krefeld	Abtei Mariendonk W-4152 Kempen Äbtissin Luitgardis OSB
Landshut	Abtei Seligenthal W-8300 Landshut Äbtissin M. Assumpta Schenkl O. Cist.
Linz	Benediktinerinnen vom Unbefleckten Herzen Mariens A-4652 Steinerkirchen a. d. Traun/OÖ Priorin M. M. Priska Schatzl OSB
Luzern	Missions-Benediktinerinnen Haus St. Gertrud CH-6218 Ettiswil Schwester Eva-Maria Zwyer OSB
München	Abtei St. Ottilien W-8917 St. Ottilien Pater Willibrord Driever OSB
Oldenburg	Abtei St. Scholastika W-2843 Dinklage ÄbtissinM Máire Hickey OSB
Passau	Abtei Niederaltaich W-8351 Niederaltaich Abt Pater Emmanuel Jungclaussen OSB
Passau	Benediktinerinnen der Anbetung Neustift, Klosterberg 25, W-8359 Ortenburg 2 Schwester M. Edwina Winkler OSB
Rüdesheim	Abtei St. Hildegard W-6220 Rüdesheim-Eibingen Schwester Christophora Janssen OSB
Trier	Benediktiner-Abtei Himmerod W-5561 Großlittgen 2 Pater Martin Stork O. Cist

Großraum	Klöster
Ulm	Benediktinerabtei Neresheim W-7086 Neresheim Pater Beda Müller OSB
Vorarlberg	Zisterzienserinnenabtei Mariastern-Gwiggen A-6914 Hohenweiler Äbtissin M. Agnes O. Cist.
Wien	Benediktinerabtei Altenburg A-3591 Altenburg, NÖ Pater Albert Groiß OSB
Würzburg	Haus St. Benedikt St.-Benedikt-Straße 3, W-8700 Würzburg Pater Willigis Jäger OSB
Würzburg	Abtei Münsterschwarzach W-8711 Münsterschwarzach Bruder Amos Pichler OSB